I0704076

# Dagmar Schulze Heuling

# Lob der Ungleichheit

## Das Postulat der Gleichheit unter Legitimationsdruck

herausgegeben von Michael von Prollius

Edition Forum Freie Gesellschaft

Bd. 3

*Bibliografische Information der Deutschen Nationalbibliothek:*

*Die Deutsche Nationalbibliothek verzeichnet diese Publikation in der Deutschen Nationalbibliografie; detaillierte bibliografische Daten sind im Internet über http://dnb.dnb.de abrufbar.*

*© 2015 Dagmar Schulze Heuling, Michael von Prollius (Herausgeber)*
*Forum Freie Gesellschaft, Fürstenberg*

*Herstellung und Verlag: BoD – Books on Demand, Norderstedt*
*Titelbild und Umschlaggestaltung: Björn von Prollius*
*Layout: Susanne Junge*

*ISBN: 978-3-7347-7607-6*

# Inhaltsverzeichnis

# Inhaltsverzeichnis

# Geleitwort

„Niemals war der Welt eine bessere Gelegenheit geboten, aber sie warf sie von sich, weil das leidenschaftliche Verlangen nach Gleichheit die Hoffnung auf Freiheit zunichte machte", urteilte zeitlos treffend Lord Acton. An die Quellen des Strebens nach Gleichheit führt uns Dagmar Schulze Heuling. Auf intellektuell charmante Weise zeigt sie auf, dass erstens Freiheit und Gleichheit unvereinbar sind, zweitens Gleichheit niemals erreichbar ist, und drittens Gleichheit und Gerechtigkeit nicht miteinander verbunden sind. Einen Ausweg hat die Berliner Politikwissenschaftlerin parat: Wer Freiheit will, muss Ungleichheit wollen. Wer (mehr) Gleichheit will, muss Unfreiheit wollen und durchsetzen. Wer Wohlstand will, braucht Freiheit und Ungleichheit. Die Kurzformel lautet: Lob der Ungleichheit.

Die Forderung nach Gleichheit ist heute allgegenwärtig. Wohlstand durch Umverteilung hat der Freiheit den Rang abgelaufen – unter dem Deckmantel der „sozialen Gleichheit" oder „sozialen Gerechtigkeit". Die Legitimität des Gleichheitspostulats hat Dagmar Schulze Heuling mit der nachfolgenden Arbeit bereits vor einigen Jahren hinterfragt. Umso erfreulicher ist es, dass sich nun die Gelegenheit ergeben hat, ihre Gedanken und Erkenntnisse zur Ersatzreligion „soziale Gerechtigkeit" einem breiteren Leserkreis zugänglich zu machen.

Wer dem Motto „Aufgepasst, hier wird quergedacht" etwas abgewinnen kann, für den dürfte die nachfolgende Lektüre ein Gewinn sein. Die Politikwissenschaftlerin und Erforscherin des SED-Staates zeigt zunächst auf, dass Gleichheit nur eine Forderung ist und unter erheblichem Legitimationsdruck steht: „Gleichheit und Gleichverteilung sind keineswegs naturgegebene Idealzustände, welche die Menschen vorfinden und die sie nicht begründen müssen. Im Gegenteil: Vorgefunden wird Ungleichheit, die nur um den Preis grober Menschenrechtsverletzungen und auch dann nur in Teilen nivelliert werden könnte", schreibt sie. Und es kommt noch schlimmer für Befürworter von Gleichheit, denn Gleichheit sorgt weder für (mehr) Glück noch für weniger Neid. Gleichheit ist nicht einmal gerecht. Indes ist mehr Gleichheit nur auf Kosten der Freiheit möglich.

Das omnipräsente Ideal der Gleichheit, das durch die Abwesenheit von Neid erreichbar sein soll, ist Ausdruck kurzfristigen und verworrenen Denkens. Mithilfe eines billigen Budenzaubers wird diese Unzulänglichkeit indes verschleiert. Auf unnachahmliche Weise hat das der ungarische Sozialphilosoph Anthony de Jasay verdeutlicht. Gleich sei durch „sozial gerecht" ersetzt worden, denn dann lasse sich nicht mehr darüber streiten, ob gleich oder ungleich in einer konkreten Situation vorteilhaft sei. Schließlich sei gerecht nun einmal per se ungerecht überlegen. Offenkundig handele es sich bei dieser Umbenennung um den indischen Seiltrick, bei dem das Seil, das in die Luft geworfen werde, feststehe, damit ein Magier daran hinaufkrabbeln könne.

Vernachlässigt werden zudem leichthin die langfristigen, schwerwiegenden Folgen. Statt Glück zu mehren, verfolgen Politiker und Adepten der „sozialen Gleichheit" eine penetrante Glückszerstörung. Wohin das führt, zeigt die Geschichte des SED-Staates. In Nord-Korea ist soziale Gleichheit vermutlich so weit wie praktisch irgend möglich realisiert worden. Derartige Dystopien sind zudem beschrieben worden etwa von George Orwell (Animal Farm), Henry Hazlitt (Time will run back) und Ayn Rand (Anthem).

Dagmar Schulze Heuling nimmt explizit Bezug auf die Erkenntnis von Friedrich August von Hayek, dass das Anhängen an falschen Werten zum Niedergang führen kann. Als Alternative bietet sie die Perspektive an, die eine Bürgergesellschaft auszeichnet. Ungleichheit ist demnach eine Tatsache und eine positive noch dazu, Menschen sind individuell. Ungleichheit ist zudem ein Schlüssel zur Erfüllung der Versprechen, die im Namen der Gleichheit erhoben werden. Neid gilt es zu ertragen. Das lässt sich schon Kindern beibringen. Schließlich ermöglicht die Akzeptanz von Ungleichheit Freiheit, Wohlstand und Glück.

Ich wünsche Ihnen eine anregende Lektüre der außergewöhnlich gelungenen Diplomarbeit, die sich immer wieder durch wohl gesetzte Worte und einen feinen Humor auszeichnet. Das gilt etwa, wenn Philosophie und Alltag miteinander verbunden werden wie im Fall der Kaffeegesellschaft und des in vermeintlich gleich große Stücke geschnittenen Kuchens.

Das Beste, was Wissenschaft zu leisten vermag, ist, zum Nachdenken anzuregen. Genau dafür ist der nachfolgende Text sehr geeignet. Verbreiten Sie anschließend die gewonnenen Erkenntnisse und nehmen Sie stets ein Exemplar zum Kuchenessen mit. Sobald der Wert der besseren Ideen Zugang zu mehr klugen Köpfen gefunden hat, wird der Kuchen größer.

Michael von Prollius

Berlin, im April 2015

# Vorwort

Mit der Diplomarbeit sollen Studierende gemeinhin den Nachweis erbringen, daß sie in der Lage sind, Untersuchungsgegenstände angemessen darzustellen und zu analysieren. Zumeist wird die mehr oder weniger relevante Sekundärliteratur referiert und um eigene Überlegungen ergänzt. Die Diplomarbeit von Dagmar Schulze Heuling, die dieser Veröffentlichung zugrunde liegt, geht über diesen Anspruch weit hinaus, indem sie dem auch in der Wissenschaft gängigen und sogar dominierenden Klischee, soziale Gleichheit sei der Schlüssel zur Lösung nahezu aller Probleme, auf hohem kenntnisreichem Niveau widerspricht und überzeugend darlegt, warum das Gleichheitspostulat, welches in viele Gerechtigkeitstheorien gleichsam axiomatisch eingelagert ist, nicht zu legitimieren ist. Hierzu widerlegt sie überzeugend den zumeist unterstellten Zusammenhang zwischen Gleichheit und verschiedenen positiven Auswirkungen. Mehr Gleichheit führt keineswegs zu mehr Gerechtigkeit, Glück oder Wohlbefinden und auch nicht zu mehr Freiheit und Wohlstand. Die auf dem Postulat der Gleichheit basierende egalitaristische Politik hat eher negative Folgen und ist in letzter Konsequenz inhuman.

Zu Recht betont die Autorin die prinzipielle Nichtvereinbarkeit von Freiheit und Gleichheit. Wird das Gegenteil behauptet, basiert die Argumentation auf einer begrifflichen Aushöhlung. Wenn Freiheit auf soziale Sicherheit reduziert wird, wozu linke Politiker und Wissenschaftler neigen, gibt es im Gefängnis, wo bekanntlich die soziale Sicherheit rundum gewährt ist, auch die größte Freiheit. Das wird zwar von denen, die Freiheit und Gleichheit bzw. Sicherheit in eins setzen, nicht ausdrücklich thematisiert, gleichwohl begrifflich vollzogen und mündet in der ideologisch-politischen Kampfparole des linken Vorkämpfers Lafontaine, der Freiheit durch Sozialismus

verspricht und damit nur ein gigantisches Verarmungs- und Freiheits-
begrenzungsprogramm verkündet. Denn – so die Autorin – nicht mehr
Gleichheit, sondern mehr Freiheit führt zu mehr Wohlstand, da nur
Freiheit die Weiterentwicklung von Innovationen, Produktions-
methoden, Vermarktung etc. garantiert. Ein höheres Maß an Gleichheit führt dagegen zu weniger Wohlstand, aber zu mehr Umverteilung
und damit vielleicht zu einem geringeren Maß an Ungleichheit auf
allerdings für alle niedrigerem Wohlstandsniveau.

Selbst die gemeinhin unterstellte Annahme, mehr Gleichheit würde
zu weniger Neid führen, läßt sich plausibel nicht begründen. Neid ist
zumeist irrational und entwickelt zerstörerische Wirkung auf das
soziale Zusammenleben in einer Gesellschaft. Mehr Gleichheit führt
nicht zu weniger, sondern eher zu mehr oder jedenfalls anderem Neid
und gleichzeitig zu verstärkten Anstrengungen der Neidvermeidung,
die wiederum den Neid erhöhen und das Streben nach Gleichheit
bestärken. Gleichwohl erfreut sich in der öffentlichen und politischen
Debatte das Versprechen der Neidfreiheit durch mehr soziale Gleichheit höchster Beliebtheit.

Dagmar Schulze Heuling schließt ihre Arbeit mit einem Lob auf
die Ungleichheit, da die Vermittlung von Gerechtigkeit, Freiheit und
Wohlstand die Möglichkeit zur Ungleichheit und ihrer Akzeptanz
voraussetzen. Diese für die Gesellschaft zu nutzen, indem sie als Pro-
duktivkraft begriffen wird, liegt auf Basis ihrer Argumentation nahe,
dürfte gleichwohl in der Öffentlichkeit auf taube Ohren stoßen.

Daß diese Arbeit am Otto-Suhr-Institut der Freien Universität
Berlin verfaßt und mit einem uneingeschränkten ‚Sehr gut" bewertet
wurde, zeigt einerseits den Wandel dieser Universität, die sich zwar
seit ihrer Gründung als eine **freie** Universität verstand, aber für einige
lange Jahre an der Spitze der Kritiker hiesiger Verhältnisse und der
Lobredner diktatorischer stand, und belegt andererseits den Mut von

Frau Dagmar Schulze Heuling, eine immer noch gegen den gängigen Zeitgeist auch an dieser Universität argumentierende Arbeit vorzulegen. Unabhängig davon, ob die Leser – und selbstverständlich auch die Leserinnen – der Argumentation zustimmen oder widersprechen, bleibt es für sie im Resultat eine anregende und zur Selbstüberprüfung animierende Lektüre.

Prof. Dr. Klaus Schroeder

im November 2007

# 1. Einleitung

Die politische Welt- und Glücksformel ist nicht kompliziert. Sie lautet: Mehr Gleichheit bedeutet mehr Gerechtigkeit bedeutet weniger Elend bedeutet mehr Glück. Diese Mär von der Gleichheit als Allheilmittel gegen alle Übel der Welt feiert in akademischen Kreisen genauso wie an Stammtischen fröhlich Urständ. Bei der letzten Bundestagswahl gelang der Linkspartei dank ihrer Hilfe der Einzug in den Bundestag, und der SPD sicherte sie die Regierungsbeteiligung. Die CDU hatte nicht verstanden, daß Gleichheit nicht gleich Gleichheit ist und wurde für die Präsentation ihres Finanzexperten Paul Kirchhof, der sich mit der „flat tax" zu weit aus dem Fenster gelehnt hatte, mit deutlichem Liebesentzug der Wählerinnen und Wähler wegen „sozialer Kälte" bestraft.[1]

Dabei ist die Sache mit der Politik im Grunde ganz einfach. Es gibt zwei Lager: das der Guten und das der Bösen. Die Guten kämpfen für die (sogenannten) Schwachen und wollen die Welt, zumindest aber die bundesdeutsche Gesellschaft, gerechter machen. Die Bösen kämpfen für die Freiheit, also für alle (das sagen die Bösen selbst) oder für die Reichen (das sagen die Guten über die Bösen) und wollen die Gesellschaft (das sagen die Bösen selbst) oder die Reichen (das sagen die Guten über die Bösen) reicher machen. So jedenfalls habe ich es an der Universität vielfach gelernt.

Selbstverständlich halten sich die Bösen nicht für böse. Sie möchten, ebenso wie die Guten, Gutes für die Menschen und ihr Gemeinwesen bewirken.

---

[1] Laut dem niedersächsischen Ministerpräsidenten Christian Wulff widerspricht ein einheitlicher niedriger Steuersatz für alle dem deutschen Gerechtigkeitsgefühl. Vgl. Neubacher, Alexander, Neukirch, Ralf, Pfister René, Schult, Christoph: „Unser Supermann", in: Der Spiegel, 35/ 2005, S. 36-43, S. 42.

Doch nur die Guten (und mit ihnen viele Menschen auf dem Erdkreis und an der Universität) wissen, daß und wie das gehen kann. Die Erkenntnis der Guten ist: Es ist genug Geld da, es muß nur anders verteilt werden. Im Klartext heißt das, daß die Reichen mit ihrem ganzen überschüssigen Geld die anderen mehr oder weniger finanzieren sollen.

Anders der Ansatz der Bösen: Sie möchten, daß der Wohlstand insgesamt steigt. Denn, so ihre Theorie, dadurch steigt auch der Wohlstand der zuvor Armen, die dann nicht mehr arm sind. Daneben gilt zumeist, daß sie allen Menschen, auch absolut Armen, eine menschenwürdige Existenz ermöglichen wollen. Daher tragen in der Welt der Bösen die Einzelnen im Verhältnis zu ihrer wirtschaftlichen Leistungsfähigkeit dazu bei, daß gewisse Güter wie Nahrung und Kleidung, Wohnung, medizinische Versorgung und Bildung allen Menschen in ausreichendem Maße zur Verfügung stehen. Über diese Grundversorgung hinaus bestehen keine spezifischen Ansprüche der relativ Armen gegenüber dem Staat oder den relativ Reichen. Daß die einen in dieser Welt reich werden oder bleiben, während andere arm werden oder bleiben, finden die Bösen in Einzelfällen vielleicht bedauerlich, halten es aber nicht für ein grundsätzlich zu beseitigendes Übel. Darum schimpfen die Guten die Bösen kalt und herzlos.

Diese Darstellung mag übertrieben und vereinfacht klingen. Sie zeigt nichtsdestotrotz eine weit verbreitete Deutungsfolie für politisches Geschehen. Denn Gleichheit, gerne auch „soziale Gleichheit" oder „soziale Gerechtigkeit" genannt, avanciert in der bundesdeutschen Gesellschaft immer mehr zu einer Ersatzreligion, zum heimlichen obersten Staatsziel. Kein Wahlkampf, in dem nicht ein entsprechendes Bekenntnis zu hören wäre. Sich öffentlich gegen „soziale Gerechtigkeit" auszusprechen, grenzt an politischen

Selbstmord.[2] Sich privat dagegen auszusprechen, ist mindestens streitträchtig.

Denn Gleichheit gilt als Lösung aller Probleme von Arbeitslosigkeit bis Zuwanderung. Vorgeblich macht sie das Leben der Menschen besser und die Welt gerechter. Wer kann da noch gegen Gleichheit sein? Die Herrschaft der Gleichheit im Reich der Ideen ist so selbstverständlich geworden, daß die Frage nicht mehr lautet, ob Gleichheit, sondern wo überall und wieviel Gleichheit wünschenswert ist. Daß die erste Frage noch gar nicht beantwortet ist, fällt nicht mehr auf, weil aus der Frage schon vor jeder überlegten Antwort eine Gewißheit geworden ist.

In dieser Arbeit möchte ich jedoch nachweisen, daß diese Gewißheit auf tönernen Füßen steht, das bedeutet, die vorgebliche Selbstverständlichkeit des Gleichheitspostulates zu hinterfragen.

Dabei geht es nicht darum abzuwägen, wieviel Gleichheit mit dem Grundgesetz der Bundesrepublik Deutschland oder dem gesunden Menschenverstand noch vereinbar ist. Denn eine solche Untersuchung ist nichts anderes ist als die Abwägung von Freiheit und Gleichheit gegeneinander und impliziert bereits die grundsätzliche Legitimität beider. Selbst wenn diese Abwägung zugunsten der Freiheit ausfällt, also größere Ungleichheit erlaubt, käme dies allenfalls einer Rechtfertigung gleich. Nur: Eine Rechtfertigung setzt Tatbestandsmäßigkeit[3] voraus.

---

[2] Allein die Nähe zu Merkmalen, welche sich mit „sozialer Gleichheit" nicht vereinbaren lassen, ist schon heikel. Dies zeigt sich z. B. an der Tatsache, daß Etiketten wie „Eliteförderung" oder „Partei der Besserverdienenden" als Vorwürfe begriffen werden und am Abwertungspotential solcher „Vorwürfe".

[3] Tatbestandsmäßigkeit bedeutet im Strafrecht, daß ein Verhalten einem vertypten Unrechtstatbestand, d. h. einer Norm der Strafgesetze, entspricht. Rechtfertigung bedeutet, daß Umstände vorliegen, welche die Rechtswidrigkeit des betreffenden Verhaltens ausnahmsweise ausschließen. Das ändert

Da ich bezweifle, daß es einen Tatbestand Ungleichheit ver-
nünftigerweise geben kann,[4] bedeutet das, daß ich nach der grund-
sätzlichen Legitimität des Gleichheitspostulats frage.

Ich behaupte, daß das Gleichheitspostulat nicht zu legitimieren ist.
Um diese Behauptung zu belegen, werde ich verschiedenen positiven
Auswirkungen nachgehen, welche der Gleichheit zugeschriebenen
werden. Dies sind Gerechtigkeit, Glück bzw. Wohlbefinden, Freiheit
und Wohlstand. So möchte ich die verbreitete Annahme eines ursäch-
lichen Zusammenhangs von Gleichheit und den behaupteten positiven
Effekten widerlegen. Daß ich mich dabei auf Arbeiten und Überlegungen stützen kann, die teilweise mehrere Jahrzehnte alt sind,
zeigt, daß die negativen Folgen egalitaristischer Bestrebungen seit
langem bekannt sind.

Umso mehr drängt sich die Frage auf, warum Gleichheit nicht
längst den Weg ins Museum der Ideen genommen hat. Wenn sie nur-
mehr belastete und von ihr auch für die Zukunft kein Vorteil mehr
erhofft werden könnte, hätten die Menschen sie wohl schon entsorgt.
Da dies offensichtlich nicht geschehen ist, muß Gleichheit die Aus-
sicht auf einen noch unbekannten Vorteil bergen.

Meine These dazu lautet, daß Gleichheit Neidfreiheit verspricht.

Neidfreiheit ist schön für vormals Beneidete, denn sie müssen
keine Häßlichkeiten der Neidenden mehr fürchten. Für letztere ist
Neidfreiheit schön, weil sie sich dann weder ihres Neides schämen

---

jedoch nichts an der generellen Unrechtmäßigkeit des entsprechenden Verhaltens.

[4] Engler zieht einen anderen Schluß. Für ihn sind Schönheit, Intellekt, Anmut
und Grazie Tatbestände. Unverständlicherweise lehnt er aber einen Prozeß ab
und will nur das (welches?) Urteil vollstreckt wissen. Diese Ansicht ist unhaltbar und wirr. Vgl. Engler, Wolfgang: Kritik der Ungleichheit, in: vorgänge, 4/ 2004, S. 4-11, S. 9. Im Folgenden zitiert als: „Engler: Kritik".

noch wegen des Entbehrens der geneideten Sache oder Eigenschaft schlecht fühlen müssen. Das erklärt, warum Gleichheit als so erstrebenswert gilt. Nur wird die Neidfreiheit nicht erreicht. Stattdessen bleiben die Menschen gefangen in einem Teufelskreis aus Neidvermeidung und Neidvermehrung mit wahrlich teuflischen Auswirkungen. „Sometimes whole groups, and perhaps entire nations, will decline, because they have chosen the wrong values."[5] Gleichheit ist, das möchte ich in dieser Arbeit belegen, ein solcher falscher Wert. Stattdessen ist es, so hoffe ich in den einzelnen Kapiteln deutlich werden zu lassen, für die Beförderung von Gerechtigkeit, Glück, Freiheit und Wohlstand unumgänglich, Ungleichheit zu akzeptieren.

Zur Vorgehensweise:

Zunächst möchte ich in einem Kapitel die begrifflichen Grundlagen für eine Auseinandersetzung mit Gleichheit legen: Was bedeutet Gleichheit, in welcher Weise kann von Gleichheit unter Menschen gesprochen werden, und wie verwende ich die Begriffe „Gleichheit", „soziale Gleichheit" und „soziale Gerechtigkeit" in dieser Arbeit? Dann werde ich das verbreitete Mißverständnis aufgreifen und widerlegen, daß Gleichheit eine Art Grundposition unter Menschen ist.

Sodann wende ich mich dem wohl größten Fehlverständnis in allen Gleichheitsdebatten zu: der Annahme, daß Gleichverteilung gerechte Verteilung bedeutet, überhaupt, daß zwischen Gleichheit und Gerechtigkeit ein innerer Zusammenhang besteht. Ich werde nachweisen, daß dem nicht so ist. Dabei wird auch deutlich, daß die Befolgung von vernünftigen Gerechtigkeitsgrundsätzen automatisch zu Ungleichheit führt.

Doch Gerechtigkeit ist nicht das einzige Opfer der substitutiven Gleichheit. Im darauffolgenden Kapitel werde ich daher die Vorstellung, verwirklichte Gleichheit unter Menschen sei Voraussetzung und zugleich Garantie für eine „schöne neue Welt", sezieren.

---

[5] Hayek, Friedrich August von: New Studies in Philosophy, Politics, Economics and the History of Ideas, London 1978, S. 20.

Ich werde zeigen, daß Gleichheit nicht zu allgemeinem Glück und Wohlergehen führt, sondern genau zum Gegenteil. Das schließt den Nachweis der zwangsläufigen Unfreiheit der Gleichgemachten mit ein.

Nachdem ich somit gezeigt habe, daß Gleichheit keinesfalls die ihr zugeschriebenen, sondern wohl eher gegenteiligen Wirkungen hat, ist es doch sehr verwunderlich, daß sie dennoch so unverändert hoch im Kurs steht. Deshalb werde ich im fünften Kapitel einige Überlegungen zu den Ursachen hierfür anstellen.

Als Hauptgrund für die Beliebtheit der Gleichheitsideologie identifiziere ich dort ihr Versprechen der Neidfreiheit. Doch Gleichheit strebt nicht an, den Neid selbst zu bekämpfen, sondern sie versucht, mögliche Auslöser für Neidgefühle zu reduzieren. Das ist jedoch, wie ich zeigen werde, nicht nur unmöglich. Paradoxerweise führt mehr Gleichheit eher zu mehr als zu weniger Neid.

Bleibt noch die Frage nach den Alternativen. Diese möchte ich im Schlußkapitel, indem ich die Ergebnisse der vorangegangenen Untersuchungen zusammenfasse, dahingehend beantworten, daß gerade das Gegenteil der Gleichheit, die Ungleichheit, in der Lage ist, die Versprechungen der Gleichheit einzulösen.

# 2. Gleichheit

## 2.1 Was ist Gleichheit?

Gleichheit ist der Ausdruck für eine bestimmte Relation. Sie bedeutet ganz allgemein die Übereinstimmung der ausgewählten Vergleichsobjekte.[6] In der Mathematik gilt r = q genau dann, wenn r sämtliche Eigenschaften hat, die auch q hat und umgekehrt.

Ebenso gilt dieses im nichtmathematischen Kontext, etwa in dem Satz: „Die beiden Autos sind gleich." Sie haben nicht nur eine ähnliche Farbe oder eine vergleichbare Form, sondern das gesamte Bezeichnete, die Autos, weist keine Unterschiede auf.

Die Übereinstimmung kann sich aber ebensogut auf ein explizit genanntes Merkmal beziehen, etwa auf gleich viele Türen oder das gleiche Baujahr der Autos. In diesem Fall ist aber über die Farbe, Größe oder Motorleistung nichts gesagt. Im Gegenteil: Oft ist dem Kontext der Aussage zu entnehmen, daß mit der expliziten Angabe der Merkmalsgleichheit eine implizite Aussage über die Merkmalsungleichheit bezüglich nicht genannter relevanter Merkmale verbunden ist.

In der Mathematik existieren klare Regeln für Merkmale und ihre Relevanz. Wer sich in der Sprache Mathematik verständigen möchte, akzeptiert diese Regeln und bezweifelt nicht, daß 1+1=2 ist. Diese Eindeutigkeit ist auf anderen Gebieten kaum zu erreichen. So gehen die Auffassungen darüber, worauf es in einer Lebenssituation ankommt, oft genug auseinander. Ob 1 (Liter Milch) + 1 (Liter Saft) = 2 (Liter Wasser) ist, hängt davon ab, ob es auf die Flüssigkeitsmenge

---

[6] Vgl. hierzu und zu den unterschiedlichen Bedeutungsvarianten: Kunkel-Razum, Kathrin (Projektleitung): Duden. Das Bedeutungswörterbuch, Mannheim u. a. 2002, gleich, S. 431/ Gleichheit, S. 432. Im Folgenden zitiert als: „Duden: Bedeutungswörterbuch".

oder die Art der Flüssigkeit ankommt. In Abhängigkeit vom Kontext entscheidet sich, ob A (Milch und Saft) oder B (Wasser) mehr hat. Ebenso kontextabhängig ist die erforderliche Messgenauigkeit: Was in der Küche „genau gemessen" ist, mag im Labor Schlamperei sein. Korrekterweise müßte eine Aussage über Gleichheit folglich lauten: X und Y gleichen sich, gemessen am Maßstab Z, hinsichtlich des Merkmals A.

Doch häufig ist die Voraussetzung des akzeptierten Vergleichskriteriums, ohne das ein Vergleich weder vernünftig noch ertragreich ist, nicht gegeben. Unglücklicherweise muß dieses Manko jedoch nicht sichtbar werden, was Mißverständnisse hinsichtlich des Kriteriums provoziert.

Im alltäglichen Sprachgebrauch wird „gleich" oft ungenau verwandt. Wenn es heißt, daß Zwillinge einander gleichen, dann bleibt unklar, in welcher Hinsicht: Es könnten eine bestimmte Gestik, das Erbgut oder die Gesichtszüge gemeint sein. Die Empfängerin[7] einer solchen Aussage muß die fehlende Merkmalsbezeichnung ergänzen.

Ein typisches Beispiel dafür, wie die Leerstelle „Merkmal" durch unterschiedliche Interpretationen zu einer sinnvollen Aussage ergänzt werden kann, ist der Mengenvergleich. Welches Merkmal ist bei einem Tausch von gleich viel Watte gegen gleich viel Eisen das maßgebliche? Gewicht oder Volumen? Wenn Eisen und Watte nach Volumen gleich behandelt werden, werden sie nach Gewicht ungleich behandelt und umgekehrt. Die Gleichheit bezüglich des einen Merkmals ist (sofern es sich nicht zufällig um Stoffe gleicher Dichte handelt) nur um den Preis der Ungleichheit bezüglich des anderen Merkmals zu erreichen. Auch die Option, eine Wattemenge gegen eine Eisenmenge gleichen Geldwertes zu tauschen, ist keine Lösung

---

[7] Menschen männlichen Geschlechts dürfen sich hier, wie stets, gern mitgemeint fühlen. Eine durchgängige parallele Benutzung der femininen und der maskulinen Form würde leider die Lesbarkeit des Textes empfindlich beeinträchtigen und verbietet sich daher.

des Problems: Geldwert ist nur ein mögliches weiteres Merkmal, bei dessen Angleichung andere Merkmale ungleich werden. Welchem Merkmal der höchste Rang zukommt, läßt sich nicht abstrakt, sondern allenfalls situativ bestimmen. Und oft ist nicht einmal das möglich. Denn die Rangfolge von Gütern unterscheidet sich von Mensch zu Mensch, weil sie abhängig ist von den individuellen Bedürfnissen, Interessen, Werten, Zielen usf. Diese können sich so wenig gleichen wie Menschen selbst.

Dabei bleibt stets zu beachten, daß „Gleichheit" als rein deskriptiver Begriff nicht der Wertung dienen kann. Gleichheit ist nichts per se Gutes oder Schlechtes; sie ist allein eine logische Relation. Nur das Ergebnis konkreter Vergleiche kann bewertet werden; diese Bewertung auf das Abstraktum Gleichheit zurückzuübertragen, ist unzulässig und widerspricht jeder Logik. Denn die Bewertung eines Vergleichsergebnisses als positiv oder negativ korreliert nicht mit dessen Inhalt (Gleichheit oder Ungleichheit). Vielmehr ist sie abhängig von anderen Faktoren wie der (Nicht)Übereinstimmung von erwünschtem und tatsächlichem Ergebnis.

Gleichheit für gut zu befinden, nur weil sie das erwünschte Ergebnis eines bestimmten Vergleichs war, ist ähnlich folgerichtig wie die Entscheidung eines Bekleidungsgeschäfts, künftig ausschließlich schwarze Kleidung anzubieten, weil die letzten beiden Kundinnen schwarze Anzüge für eine Beerdigung verlangt hatten. Positiv oder negativ kann immer nur das konkrete Vergleichsergebnis sein. Daß das zufälligerweise gleich oder ungleich lautet und als gut oder schlecht empfunden wird, sagt rein gar nichts über den Wert von Gleichheit oder Ungleichheit aus.

## 2.2 Alle Menschen sind gleich

Allgemein von der Gleichheit der Menschen zu sprechen, ist nur hinsichtlich des Faktums des „Menschseins" möglich. Diese Aussage mag auf heftigen Widerspruch von egalitaristischer Seite treffen.

Hingegen würde sie, wäre sie etwa auf Hunde bezogen, wohl allgemeine Zustimmung finden. Es besteht kein Zweifel, daß Dackel wie Windhund wie Rottweiler ungeachtet der Tatsache, daß sie ausgesprochen unterschiedlich sind, zu den Caniden gezählt werden. Doch deswegen käme noch niemand auf die Idee, einen Berhardiner mit der Fleischportion einer „Taschenratte" sättigen oder dem pralinengemästeten Schoßhund das Laufpensum eines trainierten Hütehundes zumuten zu wollen. Nichtsdestotrotz sind sie alle Hunde, alle müssen fressen, für alle gelten die Tierschutzbestimmungen.

Gleiches besagt eine politikwissenschaftliche Analogie: Nach Kenneth Waltz ist jeder Staat im anarchischen internationalen System ein Staat, ganz gleich, wie groß oder mächtig er ist.[8] Alle Unterschiede, mögen sie militärische oder wirtschaftliche Macht, Bodenschätze, Bevölkerung oder was auch immer betreffen, können das Verhalten des Staates beeinflussen, aber sie ändern nichts an der Staatsqualität eines Staates.

Wenn nun Staat durch Mensch und Staatsqualität durch Menschenwürde ersetzt wird, bedeutet dies: Ein Wesen ist entweder ein Mensch oder nicht.[9] Allen Menschen kommen allein auf Grund ihres Menschseins Menschenwürde und gewisse Rechte zu[10]. Dieses

---

[8] „Although states are like units functionally, they differ vastly in their capabilities" Waltz, Kenneth: Theory of International Politics, New York 1979, S. 104ff, hier S. 105.

[9] Diese Aussage soll nicht leugnen, daß sich sehr wohl darüber diskutieren läßt, was einen Menschen ausmacht und wann er welche Rechte für sich reklamieren kann. Der Versuch einer Abgrenzung ist jedoch nicht Gegenstand dieser Arbeit. Vielmehr ist in diesem Zusammenhang ausreichend, daß sich für die meisten Lebewesen sehr klar und einfach bestimmen läßt, ob sie Menschen sind oder nicht.

[10] Es ist nicht Gegenstand dieser Arbeit, die Haltbarkeit dieser Grundannahmen nachzuweisen. Eine Verhältnisbestimmung von Menschenwürde und Menschen- bzw. Grundrechten ist für diese Arbeit nicht erforderlich. Gleich, ob man diese transzendentalphilosophisch (a priori aus

Faktum des Menschseins kennt keine Abstufung. Wie sehr Menschen sich auch hinsichtlich ihrer Ressourcen unterscheiden - es ändert nichts an ihrem Menschsein.

Das impliziert die Konsequenz, daß es unmöglich und sinnlos ist, zu sagen, daß alle Menschen gleichermaßen Menschen sind. Sie sind „nur" alle Menschen. Ein dazwischengeschobenes „gleichermaßen" ist nicht nur redundant, sondern suggeriert sogar, daß es menschlichere und unmenschlichere, Mehr- und Wenigermenschen (oder Über- und Untermenschen) gibt.

Diese Gleichheit ist nicht nur die einzig existente, sie ist auch die einzig vertretbare, von der in Bezug auf Menschen gesprochen werden kann. Denn in jeder anderen Hinsicht sind Menschen ungleich und werden es immer bleiben. Es ist unmöglich, Menschen mit den gleichen Präferenzen, Begabungen, Bedürfnissen zu erzeugen. Dafür müßten nicht nur alle Menschen das gleiche Erbgut haben, sie müßten auch alle dieselben Erfahrungen teilen. Denn die Entwicklung des Menschen hängt nicht ausschließlich von seiner genetischen Ausstattung ab, sondern sie wird in hohem Maße von seinen Erfahrungen bestimmt. Alles, was ein Mensch erlebt, hinterläßt zumindest neurologische Spuren. So werden Erfahrungen zu Deutungsfolien künftigen Erlebens, sodaß sich selbst geklonte Menschen durch unterschiedliche Erfahrungen auseinanderentwickeln würden. Es ist aber nicht möglich, daß auch nur zwei Menschen, geschweige denn alle Menschen, dieselben Erfahrungen machen.

---

Vernunftgründen) oder utilitaristisch (Wohlfahrtsmaximierung angesichts von Empfindungs- und Leidensfähigkeit) oder gar diskurstheoretisch (als Ergebnisse idealen Austauschs) herleitet, sind sie, was allein entscheidend ist, allgemein akzeptiert.

## 2.3 Welche Gleichheit?

Offensichtlich stimmt der Gleichheitsbegriff gesellschaftlicher und politischer Diskussionen nicht mit dem oben ausgeführten Begriff überein. Denn in solchen Diskussionen geht es um die Forderung nach mehr Gleichheit zwischen Menschen etwa hinsichtlich der Bildung oder finanziellen Ausstattung oder, umfassend, ihrer Lebensbedingungen. Im Gegensatz zur Gleichheit der Menschen als Menschen ist es jedoch schwierig zu sagen, was *genau* mit jener schwammigen Gleichheit gesellschaftlich oder politisch normativer Diskurse und ihren faktischen Synonymen, „soziale Gleichheit" und „soziale Gerechtigkeit", gemeint ist.

Insbesondere „soziale Gerechtigkeit" ist ein umstrittener Begriff. Schon auf der sprachlichen Ebene ist er unverständlich. Wie kann es, wenn jede Gerechtigkeit Bezugnahme und also Beziehung voraussetzt, Nichtbeziehungsgerechtigkeit, nicht-soziale Gerechtigkeit geben?[11] Auch in inhaltlicher Hinsicht haben die Sozialwissenschaften diese unverständliche Begriffskomposition noch nicht befriedigend zu erklären vermocht.[12] Es spricht jedoch viel dafür, daß, wo dieser

---

[11] Vgl. Kramer, Rolf: Soziale Gerechtigkeit. Inhalt und Grenzen, Berlin 1992, S. 5. Im Folgenden zitiert als: „Kramer: Soziale Gerechtigkeit".
[12] Vgl. Höffe, Otfried: Soziale Gerechtigkeit: ein Zauberwort, in: APuZ B37/2005 vom 12.09.2005, S. 3-6, S. 3. Im Folgenden zitiert als: „Höffe: Zauberwort".

Begriff auftaucht, es um Verteilung geht[13] - und zwar die egalitaristische Verteilung von Geld.[14] Mir ist nicht einsichtig, warum die unmißverständlichen Begriffe wie „Verteilung", „Geld" und „gleich" diese Sachverhalte nicht besser zum Ausdruck bringen sollten und plädiere daher für ihre weitere Verwendung.

Den Begriff „soziale Gerechtigkeit" überlasse ich der katholischen Sozialwissenschaft, aus der er stammt.[15] Möglicherweise ist man dort, weil ohnehin mit der Vernunft nicht zugänglichen Phänomenen vertrauter, eher in der Lage, sein Mysterium zu ergründen.

Daß diese Ausdrücke, obwohl eindeutige Begriffsbestimmungen fehlen, in aller Munde sind,[16] erschwert die Suche nach der maßgeblichen Definition nicht nur, sondern macht sie unmöglich. Wie bestimmen, wie weit die „richtige", „offizielle" soziale Gleichheit geht, wenn alle ihre eigenen Vorstellungen davon haben?

---

[13] So z. B. Möhring-Hesse, der Verteilungsgerechtigkeit als Gegenstand seiner Theorie der sozialen Gerechtigkeit begreift. Vgl. Möhring-Hesse, Matthias: Die demokratische Ordnung der Verteilung. Eine Theorie der sozialen Gerechtigkeit, Frankfurt/M., New York 2004, S. 7. Im Folgenden zitiert als: „Möhring-Hesse: Ordnung". Vgl. ebenso Höffe: Zauberwort, S. 4 und Kramer: Soziale Gerechtigkeit, S. 17.

[14] Vgl. Radnitzky, Gerard: John Rawls „Theorie der Gerechtigkeit": Egalitarismus im philosophischen Gewand, in: Baader, Roland: Die Enkel des Perikles. Liberale Positionen zu Sozialstaat und Gesellschaft, Gräfelfing 1995, S. 33-49, S. 34f. Im Folgenden zitiert als: „Radnitzky: John Rawls". Man mag einwenden, daß dies z. B. auch auf Bildungschancen zutrifft. Doch sollen diese nicht etwa durch Maßnahmen, welche bei den „Benachteiligten" ansetzen (wie ein zu lesender Lektürekanon oder Konsequenzen bei Nichterbringung von Studienleistungen), sondern durch bessere Sach- und Personalausstattung der Bildungseinrichtungen bzw. direkte finanzielle Unterstützung der Betroffenen erhöht werden. Letztlich geht es also auch hier um Geld.

[15] Vgl. Kramer: Soziale Gerechtigkeit, S. 45ff.

[16] Möhring-Hesse: Ordnung, S. 9.

27

Abschaffung der Noten, Studium für alle? Mindestlohn, Höchstlohn, Einheitslohn? Einigkeit über den Gegenstand ist bei so vielen Verwenderinnen nicht zu erzielen, bestenfalls gibt es ein konsensfähiges „Ungefähr".

Doch wie sich mit einem Phänomen auseinandersetzen, dessen Konturen derart unbestimmt sind? Ein unklarer Begriff ist ein schlechter Ausgangspunkt für diese Arbeit. Jedes Argument wäre dann wie ein Hase zwischen vielen Igeln und könnte keinen schlagen. Eine klare Definition ist aber auch nicht (oder richtiger: nur mit einem den Rahmen dieser Arbeit sprengenden Aufwand) zu gewinnen. Daher wähle ich folgenden Ansatz:

Ich betrachte das Streben nach Gleichheit im Sinne der sozialen Gleichheit als ein Prinzip, welches auf die unterschiedlichsten menschlichen Eigenschaften angewandt werden kann: Haut- und Augenfarbe, Schuh- und Körpergröße, Intelligenz und Geschick, Charakterzüge, Anzahl der Geschwister, Krankheiten, Unglücksfälle, ererbtes Vermögen, Bildung, Einkommen, persönliche Vorlieben, Muttersprache, Ansehen und Beliebtheit und dergleichen mehr. Es ist das Ziel dieses Prinzips, möglichst Gleichheit zu erreichen. Wo dies nicht möglich ist, kann eine Kompensation durch andere Vorteile erwogen werden.

Dieses Prinzip läßt sich strikt und nachgiebig anwenden. Am deutlichsten zum Ausdruck kommt es natürlich in seiner Extremform, den gleichförmigen Klonmenschen. Doch für die Diskussion seiner Auswirkungen ist es von nachgeordneter Bedeutung, wie groß oder klein die „Fehlertoleranzen" hinsichtlich der einen oder anderen Eigenschaft sind. Denn größere Toleranzen führen nur zu proportional schwächeren, nicht aber zu grundsätzlich anderen Konsequenzen als geringere Toleranzen. Wie genau Toleranzgröße und Konsequenzstärke sich zueinander verhalten, ob sie eine lineare oder jedenfalls sonstwie regelmäßige Beziehung haben, soll hier nicht untersucht werden.

Das bedeutet, daß das genaue Ausmaß der erwünschten bzw. kritisierten „sozialen Gleichheit" für die Überlegungen dieser Arbeit unerheblich ist. Die Darstellung der Konsequenzen eines Prinzips mag also in einigen Fällen übertrieben erscheinen. Das ist jedoch nicht einer extremen Überzeichnung geschuldet, sondern der Größe der in der Realität geduldeten Abweichungen vom Prinzip und dessen dadurch entsprechend schwächeren Auswirkungen. Die Gültigkeit der Schlußfolgerungen wird dadurch in keinster Weise beeinträchtigt.

Wenn im Folgenden in dieser Arbeit von Gleichheit die Rede ist, so ist es dies, was ich meine. Die in Kapitel 2.2 beschriebene Gleichheit von Menschen als Menschen werde ich durch einen entsprechenden Zusatz davon abheben.

## 2.4 Gleichheit als Grundposition

Gleichheit übt eine merkwürdige Anziehungskraft aus. So, wie Menschen meist symmetrische Figuren oder Gesichter bevorzugen,[17] scheinen sie eine Präferenz für Gleichheit zu haben. Gleichheit gilt ihnen als natürlich, als Grundposition. Diese Intuition ist so stark, daß in der gesamten egalitaristischen Gerechtigkeitsphilosophie kaum je ein Grund für den Vorrang der Gleichheit gesucht oder gegeben wird.[18] Doch auch solche, die sich als nicht-egalitaristische Theoretikerinnen verstehen und der Gleichheit explizit jeden Wert an sich absprechen, gehen der vorgeblichen Ursprünglichkeit der Gleichheit auf den Leim.[19] So behauptet Harry Frankfurt, es gäbe einen Grund,

---

[17] Vgl. Bredow, Rafaela von: Das Fest der Triebe, in: Der Spiegel, 41/2005, S. 196-208, S. 200ff. Im Folgenden zitiert als: „Von Bredow: Fest".

[18] Vgl. Krebs, Angelika: Arbeit und Liebe. Die philosophischen Grundlagen sozialer Gerechtigkeit, Frankfurt/M. 2002, S. 141. Im Folgenden zitiert als: „Krebs: Arbeit".

[19] Frankfurt, Harry: Gleichheit und Achtung, in: Krebs, Angelika (Hrsg.): Gleichheit oder Gerechtigkeit. Texte der neuen Egalitarismuskritik, Frankfurt/M. 2000, S. 38-49, S. 38. Im Folgenden zitiert als „Frankfurt: Gleichheit". Ähnlich findet sich diese Figur auch bei Berlin, vgl. Berlin,

einen auf zehn unbekannte Personen aufzuteilenden Kuchen in gleiche Stücke zu teilen. Denn wenn die „relevanten Informationen über jede Person identisch sind mit den relevanten Informationen über jede andere Person, dann wäre es willkürlich und achtlos, die Personen ungleich zu behandeln."[20] Doch dürfte diese Intuition allen Lebenserfahrungen mit Kaffeegesellschaften widersprechen.

Der Freund, der mit seiner Bauchwölbung kämpft, ißt ein schmales Stück. Die Freundin, die diesen Kuchen so liebt, nimmt ein zweites. Und dann vielleicht noch ein halbes. Die Schwester kommt gerade vom Zahnarzt und gibt nach einigen Krümeln mit Sahne auf. Auch das Jüngste der Schwägerin bekommt noch keinen Kuchen. Ihre beiden älteren Kinder wollen sich partout kein Stück teilen und entsorgen die Reste ihrer zu großen Portionen auf die Teller der Eltern. Dabei mußte die Schwägerin, die beständig mit Untergewicht zu kämpfen hat, ohnehin schon ein besonders großes Stück essen.

Ob sie so oder anders verlaufen: Es ist ausgesprochen wahrscheinlich, daß bei den meisten Kaffeetrinken Menschen mit unterschiedlich großen Kuchenwünschen und -portionen aufeinandertreffen. In Frankfurts Fall verfügt die Verteilerin über keinerlei Informationen zu den konkreten Kuchenesserinnen, die ihr bei der Entscheidung über die Größe der Kuchenstücke helfen könnten. Sie weiß aber, daß es sich um Menschen handelt. Somit weiß sie auch, daß die ideale Kuchenverteilung höchstwahrscheinlich nicht durch die Ausgabe gleicher Kuchenmengen realisiert werden kann.

Die Verteilerin kann sich für unterschiedlich große Kuchenstücke entscheiden. Wenn nun die ungleichen Portionen blind auf die Gäste verteilt werden würden, so ist es nicht wahrscheinlich, daß alle so viel Kuchen erhalten, wie sie bei einer Verteilung in Kenntnis der

---

Isaiah, Jahanbegloo, Ramin: Conversations with Isaiah Berlin, New York u. a. 1992, S. 145.
[20] Frankfurt: Gleichheit, S. 46.

Bedürfnisse und Präferenzen bekommen hätten. Es wäre allerdings immerhin möglich.

Die Verteilerin kann sich für gleich große Kuchenstücke entscheiden. Werden gleiche Portionen auf die Gäste mit den ungleichen Kuchenwünschen verteilt, so ist es ganz und gar unmöglich, alle zufriedenzustellen. Insofern könnte allenfalls die Entscheidung für die Gleichverteilung „willkürlich und achtlos" genannt werden.

Daß die Summe der Abweichungen vom Ideal der bedürfnisadäquaten Verteilung[21] bei einer Vielzahl von Verteilungen im Falle der gleich großen Kuchenstücke kleiner ist als im Falle der ungleich großen, ist nur möglich, aber nicht zwingend. Zudem wird hier meist der Fehler gemacht, den fiktiven Personen zu unterstellen, daß, wenn ihre Präferenz (z. B. ein ganzer Kuchen) nicht erfüllt werden kann, sie eine teilweise Erfüllung (ein Stück Kuchen) der Nichterfüllung (keinen Kuchen) vorziehen. Diese Annahme einer linearen Bedürfnisstruktur ist aber verfehlt. Wer einen ganzen Kuchen wünscht, weil viele Gäste eingeladen sind, ist mit einem Stück wohl schlechter bedient als mit gar keinem Kuchen.[22]

---

[21] Bedürfnisadäquate Verteilung ist selten zu erreichen und auch keinesfalls in jeder Situation die ideale Verteilung. Hier im vereinfachten Beispiel, das u. a. von Knappheitsproblemen absieht, ist gegen eine Verteilung, bei der alle so viel Kuchen wie gewünscht erhalten, nichts einzuwenden. Das Argument, daß Menschen auch zuviel oder zuwenig essen können, ist in diesem Fall lediglich paternalistisch und theoretisch und sticht somit nicht.

[22] Mit dieser Problematik beschäftigt sich das sogenannte Condorcet-Paradoxon. Es beweist, daß die Bildung einer maßgeblichen kollektiven Präferenzrangfolge aus divergierenden individuellen Präferenzrangfolgen, wenn den Präferenzen aller Individuen gleich viel Gewicht zugestanden werden soll, nicht immer möglich ist. Bei bestimmten Präferenzverteilungen ist die Präferenzrangfolge, die letztlich allgemein verbindlich wird, von Faktoren abhängig, deren Einfluß gerade ausgeschlossen werden sollte (Wahlverfahren, größerer individueller Einfluß). Beispiel: A, B und C verteilen ihre

Somit gibt es weder für das Schneiden gleich großer noch für das Schneiden ungleich großer Kuchenstücke einen zwingenden Grund, wenn auch die Ungleichverteilung vorzugswürdig scheint.

Denn neben der Tatsache, daß die optimale Kuchenverteilung kaum je eine Gleichverteilung sein dürfte, hat die Ungleichverteilung einen weiteren Vorteil. Sie macht offensichtlich, daß die Beziehung zwischen Kuchenwunsch und erhaltenem Kuchen zufällig ist, und die Größe des Kuchenwunsches wahrscheinlich nicht der Größe des erhaltenen Kuchenstücks entsprach. Wenn nun die ungleichen Kuchenstücke nicht bedürfnisadäquat verteilt sind und die Gastgeberin daher auf einen (freiwilligen!) Kuchentransfer zwischen den Kuchenesserinnen hofft, so wird dieser erleichtert (wenn nicht überhaupt erst ermöglicht) durch die Einsicht der Genug- oder überproportional Mehr-Habenden in ihr Genug- oder überproportionales Mehr-Haben. Denn das ist die Voraussetzung dafür, das Weniger- oder Nicht-Genug-Haben der anderen zu erkennen. Das wiederum ist die Voraussetzung für die Bereitschaft, etwas abzugeben. Denn warum sollte man teilen wollen, wenn man sich nicht vorstellen kann, daß andere mit ihrer Portion (erst recht, wenn diese gleich groß ist) nicht genug haben? Sowohl die Einsicht als auch das Transferieren wird erleichtert durch eine ungleiche, kontingente und nicht bedürfnisadäquate Verteilung.

Doch selbst eine Verteilerin, die um diesen Zusammenhang weiß, dürfte, sofern sie nicht anonym bleibt, häufig die Gleichverteilung wählen. Der Grund dafür ist schlicht der, daß die Mehrzahl der Menschen glaubt, daß die Aufteilung des Kuchens in gleich große Stücke

---

Präferenzen (1-3) so auf die Möglichkeiten D, E und F, daß jede Möglichkeit genau einmal die erste, einmal die zweite und einmal die dritte Position einnimmt. Alle denkbaren Präferenzordnungen sind somit gleichwertig. Wenn nun eine von ihnen als die kollektiv verbindliche Rangfolge ermittelt wird, hatten offensichtlich nicht alle Präferenzvoten einen gleich großen Einfluß.

natürlich und nicht rechtfertigungsbedürftig ist. Weicht die Verteilerin davon ab, provoziert sie Nachfragen und bringt sich in die Situation, ihre Verteilung rechtfertigen zu müssen.

Dies dürfte allenfalls gelingen, wenn die Verteilung der ungleichen Stücke die Kuchenwünsche aller erfüllt hat. Denn dann ist zwar nicht der Kuchen gleich aufgeteilt worden, aber aller Bedürfnisse sind erfüllt worden. Daß diese Verteilung nicht deshalb gut ist, weil sie zu dem Ergebnis geführt hat, daß nun alle in einer Hinsicht – Bedürfniserfüllung – gleich sind, sondern deshalb, weil aller Bedürfnisse erfüllt wurden, liegt auf der Hand: Anderenfalls wäre eine Verteilung (hier vielleicht eher von Brot als von Kuchen), in der niemand etwas bekommt und alle verhungern müssen, ebenfalls gut, denn alle bekommen das Gleiche. Eine Verteilung hingegen, in der eine Person alles bekommt und nicht verhungert, alle anderen nichts bekommen und verhungern, wäre, weil sie ungleich ist, schlechter als die Verteilung, in der alle nichts bekommen - obwohl so ein Mensch nicht verhungert.

Es zeigt sich: Gleichheit und Gleichverteilung sind keineswegs naturgegebene Idealzustände, welche die Menschen vorfinden und die sie nicht begründen müssen. Im Gegenteil: Vorgefunden wird Ungleichheit, die nur um den Preis grober Menschenrechtsverletzungen und auch dann nur in Teilen nivelliert werden könnte. Diese natürliche Ungleichheit der Menschen verlangt zur adäquaten Bedürfnisbefriedigung wie zur gerechten Verteilung (dazu Näheres im folgenden Kapitel) nach ungleicher Mengenverteilung.

Auch die Berufung auf die Aristotelische Formel, Gleichen Gleiches, Ungleichen Ungleiches zukommen zu lassen[23], hilft aus zwei Gründen nicht weiter. Zunächst ist dieser Satz formaler Gleichheit als Gerechtigkeitsprinzip selbst kritikwürdig. Denn er erlaubt z. B. auch,

---

[23] Aristoteles: Nikomachische Ethik, Übersetzung und Nachwort von Franz Dirlmeier, Anmerkungen von Ernst A. Schmidt, Stuttgart 2004, V, 6, 1131a 23-24. Im Folgenden zitiert als: „Aristoteles: Ethik".

alle Gleichen schlecht zu behandeln oder ihnen ein ihnen zustehendes Recht zu verwehren. So hat bereits Aristoteles selbst gesehen, daß eine solche Formel das Korrektiv der Billigkeit erfordert.[24]

Das zweite Problem besteht darin, daß der substantielle Gehalt des Aristotelischen Prinzips nichts anderes ist als das Gebot, Güter und Lasten nach relevanten Gründen zu verteilen.[25] Doch die bloße Tatsache, daß es sich um Menschen handelt, an die etwas verteilt werden soll, ist kein relevanter Grund in diesem Sinne. In Fällen wie dem geschilderten hilft das Aristotelische Prinzip also nicht weiter, weil „es über Fälle, in denen keine relevanten Gründe vorliegen, nichts aussagt. [...] Wer meint, er könne eine Gleichheitspräsumtion aus einem wahrlich formalen Prinzip der Gerechtigkeit gewinnen, hat das Kaninchen, das er aus dem leeren Hut zaubern wollte, vorher bereits hineingesteckt."[26]

Allerdings kann die Aristotelische Formel mit ihrer Gleichheitsrhetorik sehr wohl helfen, diese Beschränkung zu verschleiern.

Die Macht der Gleichheit speist sich aus der normativen Kraft des Faktischen, der herrschenden Gleichheitskonvention, die alles Ungleiche zumindest als rechtfertigungsbedürftig, wenn nicht sogleich als falsch erscheinen läßt. Ein theoretisch überzeugendes Argument zugunsten einer Ausgangsposition der Gleichheit existiert nicht.

---

[24] Aristoteles: Ethik, V, 14, 1137b 14-15.
[25] Vgl. Krebs: Arbeit, S. 141.
[26] Krebs: Arbeit, S. 141.

# 3. Gleichheit und Gerechtigkeit

## 3.1 Zum Begriff der Gerechtigkeit

„Die Vorstellung von Gerechtigkeit hat die Menschheit immer schon bewegt."[27] Doch ähnlich wie beim Begriff der Wahrheit hat alle Beschäftigung mit Gerechtigkeit keine allgemein anerkannten Definition dieses Begriffs hervorgebracht. Stattdessen existiert unter dem Dach der Formel „angemessene Berücksichtigung aller Interessen mit dem Ziel, einen Ausgleich zu schaffen"[28] eine unübersichtliche Vielzahl einander ergänzender oder widersprechender Gerechtigkeitskonzepte. Diese Uneinigkeit rührt daher, daß Gerechtigkeit kein überzeitliches und unabhängiges Konstrukt, wie etwa Gleichheit, ist, sondern immer auf Menschen bezogen und von ihnen abhängig ist: Von der Gerechtigkeit zwischen zwei Autos zu sprechen, ist sinnlos. Dementsprechend werden die Vorstellungen von Gerechtigkeit geprägt durch die verschiedenen Lebensbedingungen und Anschauungen, welche zu verschiedenen Zeiten herrschen.[29] Interessanterweise konnte diese Uneinigkeit die Gerechtigkeit nicht in Mißkredit bringen. Nach wie vor hat Gerechtigkeit einen ungetrübt positiven Klang, gilt sie unbestritten als etwas Gutes, das jeder halbwegs vernünftige Mensch anstreben sollte.

Weitgehend besteht auch Konsens darüber, daß Gerechtigkeit den Menschen während ihres (als einzig angenommenen) irdischen

---

[27] Kramer: Soziale Gerechtigkeit, S. 5.

[28] Rieger, Günter: Gerechtigkeit, in: Nohlen, Dieter (Hrsg.): Kleines Lexikon der Politik, Lizenzausgabe für die Bundeszentrale für politische Bildung, München 2002, S. 161f, S. 161. Im Folgenden zitiert als: „Rieger: Gerechtigkeit".

[29] So definiert etwa das Duden-Bedeutungswörterbuch, daß gerecht sei, was mit den allgemeinen Wertmaßstäben oder Auffassungen von Recht, von Gerechtigkeit übereinstimme. Vgl. Duden: Bedeutungswörterbuch, gerecht, S. 416.

Daseins zuteil werden soll. Diese Gerechtigkeit muß, da nach allgemeiner Ansicht keine göttliche oder natürliche Instanz dafür verantwortlich zeichnet, von den Menschen geschaffen werden. Denn einerseits ist es inzwischen in meinem Kulturkreis unüblich geworden, auf eine ausgleichende göttliche Gerechtigkeit zu vertrauen, die nach dem Tode für erlittenes Unrecht und andere ungerechte Nachteile entschädigt sowie für begangenes Unrecht bestraft. Andererseits hat sich die Vorstellung vom Wiedergeborenwerden in ein besseres oder schlechteres Leben in Abhängigkeit vom im Vorleben erworbenen „moralischen Guthaben" hier nicht durchsetzen können.

Doch wie diese irdische Gerechtigkeit auszusehen hat, an welchen Maßstäben sie auszurichten ist und wann sie als erreicht gelten kann, das ist höchst umstritten. Sofern man nicht eine grundsätzlich gerechtigkeitsskeptische rechtspositivistische Position vertritt, ist Gerechtigkeit eng an das Recht gebunden. Sie ist im objektiven Sinne „die vollkommene Ordnung im Rahmen des Rechts"[30], im subjektiven Sinn folglich die Verwirklichung dieser vollkommenen Ordnung aus der Perspektive des Individuums.[31]

Eine umfassende Vernunftbegründung des Rechts haben schon Fähigere geleistet, daher seien hier nur kurz die drei klassischen Rechtsprinzipien verwiesen, wie sie seit Ulpianus[32] Gültigkeit besitzen. Sie lauten: 1. Honeste vivere (ehrenhaft leben) 2. Alterum non laedere (andere nicht verletzen), 3. Suum cuique tribuere (jedem das Seine gewähren). Imperativisch formuliert werden aus diesen Grundsätzen

---

[30] Weber, Klaus (Hrsg.): Creifelds Rechtswörterbuch, bearbeitet von Dieter Guntz u. a., 18., neubearbeitete Auflage, München 2004, Gerechtigkeit, S. 541.

[31] Vgl. ebenda.

[32] Domitius Ulpianus, römischer Rechtsgelehrter (170-228) schrieb Rechtskommentare, deren Fragmente Eingang in die bedeutendsten Kodifikationen römischen Rechts fanden. Vgl. Schröder, Richard: Rechtsgeschichte, Münster 2000.

„kategorische Rechtsprinzipien"[33]. Als solche sind sie zugleich notwendige und hinreichende Kriterien personaler Gerechtigkeit.[34]

## 3.1.1 Honeste vivere - ehrenhaft leben

„Ehrenhaft" bedeutet in diesem Zusammenhang soviel wie würdig, tugendhaft, sittsam.[35] Folglich: Lebe im rechtlichen Sinne tugendhaft und würdig, also unbescholten (wobei dieses „unbescholten" für alle gilt, für die es nicht nachweislich nicht mehr gilt). Diesen Rechtsgehorsam erweitert Kant um die Forderung und Pflicht zur „rechtsmoralischen Selbstbehauptung"[36], wenn er verlangt, „im Verhältnis zu anderen seinen Wert als den eines Menschen zu behaupten"[37]. Dies ergibt sich direkt aus dem kategorischen Imperativ, anderen nie bloß Mittel, sondern immer zugleich ein Zweck zu sein. „Ehrenhaft leben" bedeutet also auch, sich gegen jede ,'kleine Entwürdigung': daß man sich sehenden Auges betrügen oder sonstwie um seiner Rechte prellen

---

[33] So der Titel eines Buches von Otfried Höffe. Höffe selbst weist aber darauf hin, daß Kant - im Gegensatz zum „kategorischen Imperativ" - nicht von kategorischen Rechtsimperativen spricht. Diese „versteckten" sich hinter den Begriffen „allgemeiner Rechtsbegriff", „allgemeines Rechtsprinzip" und „allgemeines Rechtsgesetz". Höffe, Otfried: Kategorische Rechtsprinzipien. Ein Kontrapunkt der Moderne, Frankfurt/ M, 1990, S. 126.

[34] Zu den Ausführungen zu den drei Grundsätzen des Rechts vgl. Höffe, Otfried: Gerechtigkeit. Eine philosophische Einführung, 2. Aufl. München 2004, S. 49ff. Im Folgenden zitiert als: „Höffe: Gerechtigkeit". Vgl. auch Kant, Immanuel: Die Metaphysik der Sitten, S. 1-518, in: Digitale Bibliothek, Band 2: Philosophie, S. 26865-27382 (vgl. Kant-Werke, Bd. 8). Im Folgenden zitiert als: „Kant: Metaphysik".

[35] Vgl. Georges, Karl Ernst (Bearbeiter): Ausführliches lateinisch-deutsches Handwörterbuch, Darmstadt 1995, Bd. I. Im Folgenden zitiert als „Georges: Handwörterbuch".

[36] Höffe: Gerechtigkeit, S. 50.

[37] Kant: Metaphysik, S. 54/ S. 26918.

läßt"[38], und erst recht gegen die „große Entwürdigung", sich Sklaverei oder Leibeigenschaft zu beugen[39], zu stellen.

## 3.1.2 Alterum non laedere - andere nicht verletzen

Dieses Prinzip, andere weder physisch noch in ihren sonstigen Rechten zu verletzen, betont die Pflicht zur rechtlichen Unbescholtenheit und kleidet sie in die Form eines Verbotsgesetzes. Doch zugleich ist in dieser Aufforderung eine gewichtige Voraussetzung enthalten. Die anderen Personen müssen, um überhaupt verletzt werden zu können, bereits mit Rechten ausgestattet sein. Der zweite Grundsatz besagt also implizit, daß jeder Mensch Rechte hat, welche von allen anderen Menschen ohne Einschränkung zu beachten sind.

## 3.1.3 Suum cuique tribuere - jedem das Seine gewähren

Dieser Grundsatz läßt sich in zwei Richtungen interpretieren. Einerseits erscheint er in der allgemein gebräuchlichen Form, allen das Ihre zu *geben*, „als ungereimt, denn man soll jemandem die Rechte geben, die er nach dem zweiten Grundsatz schon hat."[40] „Tribuere" kann aber auch mit „gewährleisten" übersetzt werden.[41] Dann bedeutet der Grundsatz, daß neben die Achtung der Rechte anderer auch die Gewährleistung dieser Rechte treten muß. Das wiederum bedeutet die Aufforderung zur Gründung einer rechtsförmig organisierten Gemeinschaft, denn die bedrohten Rechte einer Einzelperson sind nur durch die Gesamtheit aller Einzelpersonen zu schützen.

---

[38] Höffe: Gerechtigkeit, S. 51.
[39] Vgl. Höffe: Gerechtigkeit, S. 51.
[40] Höffe: Gerechtigkeit, S. 52.
[41] Vgl. Georges: Handwörterbuch, Bd. II.

38

Die andere Interpretation verweist auf das Postulat der Beachtung und Abwägung von traditionell anerkannten Gerechtigkeitsgrundsätzen wie Tauschgerechtigkeit, Verdienstprinzip, Bedürftigkeit, Qualifikation, die auch heute noch als allgemein zustimmungsfähig angesehen werden.[42] Dabei bleibt freilich offen, um welche Grundsätze es sich jeweils handelt und wann sie in welcher Rangfolge zur Anwendung kommen sollen. Das würde auch dem komplexen Wesen unserer Gerechtigkeitskultur widersprechen: „ [D]er Glaube, man könne diese Kultur im Wesentlichen über ein oder zwei Prinzipien [...] einfangen, zeugt von der Philosophenkrankheit der theorieverliebten Überheblichkeit gegenüber der Wirklichkeit."[43] Allerdings ist dieser Grundsatz mit seinem Verweis auf die unterschiedlichen Gerechtigkeitsprinzipien ein starker Hinweis darauf, daß eine gerechte Welt eine Welt voller Ungleichheiten sein dürfte.

So läßt sich nur konstatieren, daß jenseits formaler Bestimmungen, weniger grundlegender Übereinkünfte und pathetischer Rhetorik von der Kardinaltugend Gerechtigkeit die inhaltlichen Konzepte von Gerechtigkeit nicht nur differieren, sondern einander bisweilen diametral entgegenstehen.

Diese Tatsache entbindet eine Gerechtigkeitstheorie jedoch nicht davon, gute Gründe anzugeben, warum gerade ihre Annahmen zutreffend sind. Im Folgenden möchte ich darlegen, warum dies m. E. der egalitaristischen Gerechtigkeitstheorie nicht gelungen ist.

## 3.2 Gerechtigkeit statt Gleichheit

So, wie Alfred North Whitehead die Bedeutung Platons für die abendländische Philosophie dadurch beschrieben hat, daß er diese als

---

[42] Vgl. Rieger: Gerechtigkeit, S. 161.
[43] Krebs: Arbeit, S. 129.

Fußnoten zu Platon bezeichnete,[44] war die moderne Gerechtigkeits-theorie lange Zeit nicht mehr als eine Fußnote zu Rawls. Denn die „Renaissance der politischen Philosophie ist erstaunlicherweise durch ein einziges Buch ausgelöst worden":[45] John Rawls 1971 erschienene „Theory of Justice"[46].

Lange Zeit schien es, als sei das Feld der Fragen damit abgesteckt, die Richtung der Theorieentwicklung klar. Eine „moralische Intuition" prägte das philosophische Nachdenken über Gerechtigkeit"[47]: die Intuition, daß Menschen einander in bestimmten Hinsichten gleich-gestellt sein sollten. „Wie könnte es denn etwa kein Übel sein, dass dem Leben unzähliger Menschen von Geburt an im Verhältnis zum Leben anderer automatisch nur ein drastisch eingeschränktes Spek-trum von Möglichkeiten zuteil wird?"[48]

Ausgangspunkt solcher Überlegungen ist die Annahme, daß Gerechtigkeit „in der Schaffung gleicher Lebensaussichten für alle Menschen"[49] besteht. Gleichheit hat einen Eigenwert, sie ist als etwas moralisch Gutes um ihrer Selbst willen anzustreben. Die Über-setzungen dieser Grundüberzeugung in elaborierte Theorien führen naturgemäß zu großen Differenzen. Es ist nicht einmal klar, worin gleiche Lebensaussichten bestehen sollen. Müssen Menschen über

---

[44] Dieses Zitat wird ihm zugeschrieben, sinngemäß äußert er sich dement-sprechend in: Whitehead, Alfred North: Process and Reality. An Essay in Cosmology, New York 1929, S. v, 11 u. a.

[45] Kersting, Wolfgang: John Rawls zur Einführung, Neufassung, Hamburg 2001, S. 19. Hervorhebung im Original.

[46] Rawls, John: Eine Theorie der Gerechtigkeit, Frankfurt/ M. 1993, zuerst 1975. Im Folgenden zitiert als: „Rawls: Theorie".

[47] Krebs: Arbeit, S. 95.

[48] Nagel, Thomas: Eine Abhandlung über Gleichheit und Parteilichkeit, Paderborn 1994, S. 44.

[49] Krebs: Arbeit, S. 95.

gleiche Ressourcen verfügen?[50] Geht es darum, unverdiente, d. h. solche, die nicht Folge einer Entscheidung sind, Nachteile zu beheben („to eliminate *involuntary disadvantage*")?[51] Oder bedeutet Gerechtigkeit, daß „die Zufälligkeiten der natürlichen Begabung und der gesellschaftlichen Verhältnisse nicht zu politischen und wirtschaftlichen Vorteilen führen"[52] dürfen?

Zudem lassen sich viele praktische Fragen gar nicht eindeutig beantworten, etwa die nach der Abgrenzung von Kontingenz und Eigenverantwortung. Wo endet die eine, wo beginnt die andere, wenn ein Mensch nicht gelernt hat, sich anzustrengen und sich aus dieser Gewohnheit das weitere Nichtstun vom Staat finanzieren lassen möchte?

Auch das Problem des relevanten Maßstabs taucht hier wieder auf: Sollen alle Menschen, so wie die Arbeiter im Weinberg, nach getaner Arbeit unabhängig von Arbeitszeit und Arbeitserfolg den gleichen Lohn erhalten?[53] Oder sollten alle den gleichen Stundenlohn erhalten? Sollte besser gleiche Anstrengung gleich entlohnt werden? Oder vielleicht gleicher Erfolg?

---

[50] So meint Dworkin in seiner Abhandlung. Vgl. Dworkin, Ronald: What ist Equality? Part 2: Equality of Resources, in: Philosophy and Public Affairs, 10/ 1981, S. 283-345.

[51] Cohen, Gerald: On the Currency of Egalitarian Justice, in: Ethics 99/ 1989, S. 906-944, S. 916. Hervorhebung im Original. Cohen wendet sich hier explizit gegen Dworkin und schlägt statt „equality of resources" „equal opportunity for advantage", oder, für ihn noch besser, „equal access to advantage" vor. Vgl. ebd.

[52] Rawls: Theorie, S. 32.

[53] Vgl. „Das Gleichnis von den Arbeitern im Weinberg", Matthäus 20,1-16 vgl. auch (Mk 10,31, Lk 13,30), in: Die Bibel, Einheitsübersetzung der Heiligen Schrift, Gesamtausgabe, Psalmen und Neues Testament, Ökumenischer Text [hrsg. im Auftrag der Bischöfe Deutschlands], 2. Auflage der Endfassung, Stuttgart 1982.

Weiter ist ganz und gar nicht klar, wie der Tatsache, daß Menschen Bedürfnisse unterschiedlicher Legitimität haben (z. B. das Bedürfnis, andere Menschen zu erniedrigen; das Bedürfnis, keiner geregelten Arbeit nachzugehen; das Bedürfnis, viel Geld zu sparen), Rechnung getragen werden soll. Wer bestimmt über die Legitimität und somit die Möglichkeit zur Verwirklichung der Bedürfnisse, und wie ist das Verhältnis von verwirklichten und nichtverwirklichten Bedürfnissen gerechtigkeitstheoretisch zu rechtfertigen?

Schon dieser kleine Problemausschnitt läßt ahnen, daß es weder möglich ist, die Probleme, die eine Gerechtigkeitstheorie bewältigen muß, darzustellen, noch in dieser Arbeit einen Überblick über die einzelnen egalitaristischen Gerechtigkeitstheorien zu geben. Einige grundsätzliche Dinge lassen sich jedoch festhalten.

Als egalitaristisch wird eine Gerechtigkeitstheorie bezeichnet, wenn sie „Gleichheit als ein zentrales Ziel der Gerechtigkeit ansieht.“[54] Gleichheit muß nicht das einzige Ziel sein. Wäre das der Fall, so wäre ein Zustand, in dem eine Hälfte der Menschen verhungert, während die andere überlebt, schlechter als ein Zustand, in dem alle Menschen verhungern.[55] Gleichheit muß auch nicht das stets vorrangige Prinzip sein. Dann wäre ein großer Wohlfahrtgewinn stets abzulehnen, wenn er mit Ungleichheiten - und seien sie noch so klein - einhergeht. Um solche offensichtlichen Ungereimtheiten des Gleichheitsprinzips zu überwinden, muß der Egalitarismus zu weiteren

---

[54] Krebs: Arbeit, S. 131. Vgl. auch: „Es ist an sich schlecht, wenn manche Menschen schlechter dastehen als andere.“ Parfit, Derek: Gleichheit und Vorrangigkeit, in: Krebs, Angelika (Hrsg.): Gleichheit und Gerechtigkeit. Texte der neuen Egalitarismuskritik, Frankfurt/ M. 2000, S. 81-106, S. 84. Im Folgenden zitiert als: „Parfit: Gleichheit“.

[55] „Angenommen, die Mitglieder einer Gemeinschaft könnten alle gleich gut oder aber gleich schlecht gestellt sein. Das Gleichheitsprinzip sagt uns nicht, dass letzte Option schlechter wäre.“ Parfit: Gleichheit, S. 84. Mit mehreren Beispielen diskutiert Parfit die Vorzugswürdigkeit verschiedener Verteilungen unter egalitaristischen Prämissen. Parfit: Gleichheit, S. 84ff.

Annahmen greifen. Typischerweise ist dies das Nutzenprinzip, welches lautet: „ [E]s ist an sich besser, wenn Menschen besser dastehen.“[56] Doch das impliziert das Zugeständnis, daß der reine Egalitarismus zu höchst fragwürdigen Ergebnissen führt und durch „systemfremde Einsprengsel“[57] korrigiert werden muß. „Dann steht er aber schon mit einem Fuß in der Tür zum Nonegalitarismus.“[58]

In dieser Arbeit möchte ich mich auf die Darstellung der Kritik beschränken. Naturgemäß kann nicht jeder Kritikpunkt jeden der verschiedenen Theorieentwürfe treffen, alle sind jedoch prinzipiell taugliche Einwände gegen die Vorstellung, daß Gerechtigkeit inhaltlich mit Gleichheit zusammenhängt.

Krebs identifiziert vier Hauptargumente der Egalitarismuskritik[59]: den Einwand der Verwechslung von Allgemeinheit mit Gleichheit, den Einwand der Inhumanität, den Einwand, der Egalitarismus unterschätze die Komplexität unserer Gerechtigkeitsvorstellungen sowie den Einwand der Nichtrealisierbarkeit. An ihrer Darstellung möchte ich mich im Folgenden orientieren.

## 3.2.1 Egalitärer Nebeneffekt

Dieser Einwand stellt darauf ab, daß Gerechtigkeit nicht bedeutet, daß alle gleich sind bzw. Gleiches erhalten, sondern vielmehr, daß absolute, für alle Gültigkeit besitzende Standards erfüllt werden. Der Fehler egalitaristischer Gerechtigkeitstheorie besteht darin, relationale an die Stelle von absoluten Standards zu setzen: A soll X haben oder sein, weil B und C auch X haben oder sind, anstatt der Begründung,

---

[56] Parfit: Gleichheit, S. 84.
[57] Krebs: Arbeit, S. 114.
[58] Krebs: Arbeit, S. 124.
[59] Vgl. Krebs: Arbeit, S. 119ff sowie Krebs, Angelika (Hrsg.): Gleichheit und Gerechtigkeit. Texte der neuen Egalitarismuskritik, Frankfurt/ M. 2000. Im Folgenden zitiert als: „Krebs: Gleichheit“, S. 16ff.

daß A X haben oder sein soll, weil A ein Mensch ist und nach allgemeiner Ansicht X Bedingung für eine menschenwürdige Existenz ist oder ein Mensch grundsätzlich X sein sollte.

Durch diese Verschiebung wird das zufällige Nebenprodukt bei der Erfüllung absoluter Standards, die Gleichheit, normativ überhöht. Nicht mehr die absolute Forderung, allen Menschen gewisse Standards zuteil werden zu lassen, wird als gerecht begriffen, sondern die relationale, alle Menschen gleich zu behandeln.

Absolute Standards definieren sich über ihren Inhalt, nicht über eine Verhältnismäßigkeit. Sie sind keine Gleichheitsstandards. Nur relationale (oder komparative) Standards sind echte Gleichheitsstandards. Etwa: Alle sollen ein gleich großes Stück Kuchen bekommen. Das „gleich" ist zur Bestimmung der Kuchenstückgröße unverzichtbar. Anders in der Aussage: „Alle Menschen sollen satt werden."[60] Dadurch, daß alle Menschen „gleichermaßen satt werden", ändert sich nichts an der Sattheit der Menschen, das „gleichermaßen" ist überflüssig.[61]

Es handelt sich bei dieser Aussage also um einen absoluten Gerechtigkeitsstandard, der nicht in Relationen ausgedrückt werden kann und dessen Verletzung als moralisch schlecht gilt.[62] „Aber aus der moralischen Unzulässigkeit eines Zustandes eklatanter Unterversorgung ist nicht die moralische Vorzugswürdigkeit eines Zustandes gleicher Versorgung mit sozialen und ökonomischen

---

[60] Der Einfachheit halber sei unterstellt, es gäbe genau einen Punkt, an dem Sattheit erreicht ist.

[61] Vgl. Raz, Joseph: Strenger und rhetorischer Egalitarismus, in: Krebs, Angelika (Hrsg.): Gleichheit und Gerechtigkeit. Texte der neuen Egalitarismuskritik, Frankfurt/ M. 2000, S. 50-80, S. 54.

[62] Vgl. Krebs: Arbeit, S. 101.

Gütern ableitbar."[63] Denn dann, siehe oben, sollten besser alle verhungern, als daß einige überlebten.

## 3.2.2 Verschleierte Inhumanität

Ein weiterer Vorwurf an den Egalitarismus lautet, daß er inhuman sei. Diese Kritik umfaßt nach Krebs drei verschiedene Aspekte:

Der erste Aspekt betrifft die Auswahl der zu egalisierenden Ungleichheiten. Will der Egalitarismus alle und nicht nur die unverdienten Lebensaussichten egalisieren, so muß er z. B. rechtfertigen, wieso er den durch freie willentliche Anstrengung erworbenen Vorteil eines Menschen für ungerecht hält. Dies ist kaum möglich, da dann nicht nur allgemein anerkannte Gerechtigkeitsprinzipien, wie Verdienst und Qualifikation, ausgehebelt werden müßten, sondern auch die Handlungsfreiheit der Menschen in Frage stünde.

Daher beschränkt der Egalitarismus sich in der Regel auf einen Ausgleich unverdienter Lebensaussichten, während Ungleichheiten, die sich als Konsequenzen gewillkürten Handelns darstellen, bestehen bleiben. Zu diesen „selbstverschuldeten Ungleichheiten" zählen jedoch nicht nur Vorteile, sondern auch Nachteile. Wer bei einem risikoreichen Freizeitvergnügen verunglückt und eine teure medizinische Versorgung benötigt, muß in konsequenter Auslegung der egalitaristischen Theorie diese Kosten selbst tragen. Sogar wer seine eigene Gesundheit riskiert, um anderen Menschen zu helfen, hätte im Schadensfall selbst keinen Anspruch auf Hilfe.

Die zweite Art der Inhumanität des Egalitarismus besteht darin, daß er diejenigen Menschen, denen er vorgibt, helfen zu wollen, stigmatisiert. Dies tut er, weil er sie aus den falschen Gründen unterstützt. „Er hilft ihnen, weil sie schlecht*er* dran sind als die anderen, und

---

[63] Kersting, Wolfgang: Theorien der sozialen Gerechtigkeit, Stuttgart, Weimar 2000, S. 376. Im Folgenden zitiert als: „Kersting: Theorien".

nicht, weil sie schlecht dran sind."[64] Das bedeutet, daß der Egalitarismus eine Almosenpolitik verfolgt, die keine geringere Konsequenz hat als die „offizielle Bescheinigung von Minderwertigkeit"[65] derjenigen, die die Almosen empfangen. So werden „Gerechtigkeit und Gnade [...] ununterscheidbar."[66] Einen Grund, Menschen aus absoluten Motiven zu unterstützen - etwa, weil die Achtung vor ihnen dies gebietet oder aus Ablehnung von unnötigem Leiden - muß der Egalitarismus sich borgen. „Und wieder gilt: Mit einem solchen „absoluten Anbau" ist ein wesentlicher Schritt hin zum Nonegalitarismus getan."[67]

Das dritte Argument schließlich stellt fest, daß diese Theorien in der Praxis zwangsläufig die Entmündigung der Menschen bedeuten. Die Egalisierungsinstanz muß nicht nur von der Ungleichheit an sich wissen, sondern sie muß darüber hinaus wissen, ob es sich um eine auszugleichende oder akzeptable Ungleichheit handelt. Das impliziert nicht nur „einen Informationsbeschaffungstotalitarismus"[68], darübe hinaus „maßen sich staatliche Bürokratien prekäre Urteile an"[69], wenn sie entscheiden, zu welcher Kategorie eine Ungleichheit gehört. Doch wer unverdiente Nachteile ausgleichen will, muß angeben können, ob es ein größerer Nachteil ist, seine Eltern früh zu verlieren oder aber sie ein halbes Erwachsenenleben ertragen zu müssen und ihren Tod dennoch zu betrauern.

Kersting weist auf eine weitere Konsequenz eines so gedachten Staates hin: Um dem selbstgesetzten Ziel der Egalisierung gerecht zu werden, kann er sich Rechtsstaatlichkeit und Verfassungsstaatlichkeit nicht leisten. Der Staat egalitaristischer Theorien kommt so zu dem

---

[64] Krebs: Arbeit, S. 125. Hervorhebung im Original.
[65] Krebs: Arbeit, S. 125.
[66] Kersting: Theorien, S. 328.
[67] Krebs: Arbeit, S. 126.
[68] Kersting: Theorien, S. 236.
[69] Krebs: Arbeit, S. 126.

Schluß, „seiner Klientel die Segnungen aller Institutionalisierung versagen" zu müssen.[70]

## 3.2.3 Unzulässige Simplifizierung

Die Vielfalt der Gerechtigkeitsprinzipien, die bei der Verteilung der unterschiedlichsten Güter zur Anwendung kommen, ist kaum überschaubar.[71] Verstärkt wird diese Unübersichtlichkeit dadurch, daß zwischen den einzelnen Gerechtigkeitsprinzipien keine absolute und eindeutige Präferenzordnung besteht - weder in normativer noch individueller Hinsicht. Zwar gibt es Gesichtspunkte, deren Bedeutung kulturübergreifend als hoch eingeschätzt wird,[72] für eine konkrete gerechtigkeitsrelevante Entscheidung ist dies aber allenfalls ein Hinweis. Der Egalitarismus verkennt diese Komplexität, wenn er meint, sie ersetzen und mit einem, allenfalls zwei Prinzipien adäquate Entscheidungen generieren zu können. Der Komplexität gerecht zu werden, bedeutet, Ungleichheit zu akzeptieren. Das aber ist mit dem Kern der egalitaristischen Gerechtigkeitstheorie, dem Gleichheitsprinzip, unvereinbar.

## 3.2.4 Mangelnde Realisierbarkeit

Der letzte Typ von Einwänden gegen den Egalitarismus betrifft dessen mangelnde Umsetzbarkeit. Selbst wenn die Theorie richtig wäre und eine taugliche Bestimmung von Gerechtigkeit lieferte, so ließe sie sich doch niemals umsetzen. Da der „Egalitarismus mit seinen Egalisierungsversuchen den sich reaktiv auf immer neue Güter

---

[70] Kersting: Theorien, S. 238.

[71] Vgl. Krebs: Arbeit, S. 127. Krebs nennt als Beispiele Spendernieren, Militärdienst, Studienplätze, Sperma zur künstlichen Befruchtung, Kinder zur Adoption, Staatsbürgerschaft, Gefängnisstrafen, Entlassung aus der Arbeit, Nobelpreise, Präsidentschaften oder Universitätsprofessuren.

[72] Vgl. Höffe: Gerechtigkeit, S. 14.

verlagernden Ungleichheiten [...] stets nur hinterherhinkte"[73], hat er nichts anderes als einen „'*Verschiebebahnhof' für Ungleichheiten*"[74] geschaffen. Es ist nicht davon auszugehen, daß, welche Anstrengungen auch immer unternommen werden, Egalisierung so gestaltet werden könnte, daß sie nicht „strategisch gut postierten Männern und Frauen Gelegenheit dazu böte, wichtige soziale Güter an sich zu raffen und diese zu ihrem höchstpersönlichen Wohl zu nutzen."[75]

Zudem ist es völlig unmöglich, die Kontingenz menschlichen Lebens zu eliminieren oder auch nur auszugleichen. Schönheit kann nicht in Geld umgerechnet noch künstlich umverteilt werden. Und erst die unbekannten Faktoren: Kann und soll man - und wenn ja, wie - einen Menschen während seines Lebens für einen vorhersehbar frühen Tod entschädigen? Wie sind Fälle unvorhersehbarer früher Tode zu behandeln?

## 3.2.5 Weitere Überlegungen

Mit den folgenden Überlegungen behaupte ich nicht, etwaige Lücken in der Argumentation gegen die egalitaristischen Gerechtigkeitskonzeptionen zu schließen, sondern ich möchte solche Aspekte betonen, die ich für besonders wichtig, jedoch nicht ausreichend rezipiert halte.

Als ein sehr grundlegendes Problem sehe ich die Auffassung von der Natur als Verteilungsagentur an. Sie als verantwortungsfähig zu begreifen, ist geradezu lachhaft widervernünftig.[76] Doch auch von der Natur als einer Verteilungsagentur zu reden, die „unverantwortlich

---

[73] Krebs: Arbeit, S. 132f.

[74] Krebs: Arbeit, S. 132. Hervorhebung im Original.

[75] Walzer, Michael: Sphären der Gerechtigkeit, Frankfurt/ M., New York 1992, S. 45.

[76] Dies macht aber Engler, wenn er die Natur verurteilen möchte. Vgl. Engler: Kritik, S. 9.

und nicht belangbar"[77] ist, ist zumindest schwierig. Denn „verteilen" bedeutet „(ab)geben, bis der Vorrat erschöpft ist".[78] Somit verbietet es sich schon begriffslogisch, die Natur als Verteilungsagentur anzusehen. Anderenfalls müßte man annehmen, es gäbe einen bestimmten Vorrat von Krankheit und Schönheit, Intelligenz und Gebrechen, aus dem die Natur uns bedenkt, bis er eines Tages zur Neige gehen wird.

Es ist verständlich, daß Umverteilungsbefürworterinnen gern an diesem Bild der Verteilerin festhalten, möglicherweise sogar darauf angewiesen sind. Denn es ist ungleich einfacher, das Ergebnis einer Verteilung als korrekturbedürftig zu deklarieren und dafür Zustimmung zu ernten, als ein Ereignis in der Natur. Doch dadurch wird weder das Bild weniger schief noch die Theorie richtiger. Vielmehr wird auch hier das weiße Kaninchen vor der Zaubervorstellung ganz offensichtlich in den Hut gesteckt.

Ein anderer Aspekt egalitaristischer Gerechtigkeitstheorie, den ich für problematisch halte, ist die Vernachlässigung des Problems, daß es keine allgemeine, durch ein vernünftiges und demokratisches Wahlverfahren erzeugte Präferenzanordnung gibt. Dieses Phänomen wird nach seinem Entdecker Kenneth Arrow „Arrow-Theorem" genannt. Arrow „interessierte, welche Bedingungen man nach gesundem Menschenverstand an ein akzeptables Verfahren stellen müßte und ob ein solches Verfahren konstruierbar ist. Erstaunlicherweise fand er, dass bereits fünf scheinbar einfache Bedingungen nicht miteinander vereinbar sind und folglich ein Verfahren, das diese erfüllt, nicht existiert."[79]

---

[77] Kersting, Wolfgang: Rechtsphilosophische Probleme des Sozialstaats, Baden-Baden 2000, S. 5.

[78] Duden: Bedeutungswörterbuch, verteilen, S. 999f.

[79] http://de.wikipedia.org/wiki/Arrow-Theorem, abgerufen am 26.01.2006 um 8.13 Uhr. Später reduzierte Arrow die Zahl der Bedingungen auf vier. Ein einfacher Beweis für das Arrow-Theorem findet sich in Lenk, Thomas,

Einen einfachen Fall des Arrow-Theorems stellt das Condorcet-Paradoxon dar.[80] Die Unmöglichkeit einer allgemein verbindlichen Präferenzordnung hängt zusammen mit dem in Kapiteln 3.2.2 formulierten Einwand der Inhumanität. Dieser Einwand macht darauf aufmerksam, daß es problematisch ist, wenn der Staat Entscheidungen darüber treffen muß und trifft, welche Umstände zu egalisieren sind. Beachtet man jedoch, daß es eine demokratisch erzeugte verbindliche Präferenzrangfolge gar nicht geben *kann*, wird staatliches Egalisierungshandeln noch absurder. Der Staat bzw. die Gesellschaft steht vor einer Entscheidung: Entweder legt der Staat selbst eine Präferenzordnung fest und nimmt in Kauf, die Individuen wider ihre eigenen Präferenzen zu behandeln. Oder er verzichtet auf diese Festlegung und behandelt die Individuen nach ihren Präferenzen (gegebenenfalls innerhalb bestimmter Grenzen). Das impliziert aber eine Ungleichbehandlung.

Weiter halte ich die traditionelle Betrachtungsweise der Umverteilungskosten für problematisch, weil verkürzt. Gewisse Kosten müssen, sofern man sich dafür entschieden hat, daß die Verwirklichung des Ideals sie rechtfertigt, akzeptiert werden. Wäre Gleichheit allein maßgeblich und glücklichmachend, so müßte jeder Preis, jede Angleichung nach unten in Kauf genommen werden. Wie gezeigt, führt sich ein reiner Egalitarismus ohne das Korrektiv zumindest des Wohlfahrtsprinzips unmittelbar ad absurdum. Wie inferior das Wohlfahrtsprinzip gegenüber dem Gleichheitsprinzip auch immer sein mag, es verhindert jedenfalls die Überschreitung eines gewissen Maßes der Vernichtung von Wohlstand oder Nichtziehung von Nutzen. Eine wohlhabende Gesellschaft dürfe sich die Gerechtigkeit nicht so viel kosten lassen, daß sie am Ende völlig verarmt dasteht.

---

Teichmann, Volkmar: Arrows Unmöglichkeitstheorem, in: WISU 6/ 1999, S. 866-870.
[80] Vgl. Fußnote 22.

Nun ist Gleichheit aller auf einem Spitzenniveau nicht möglich. Die Angleichung wird irgendwo zwischen den Extremwerten erfolgen. Rein rechnerisch mag die Summe dieser Werte nur um die Höhe der Umverteilungskosten von der Summe aller Einzelwerte abweichen.

Doch bisweilen ist aus einem Optimum und einem Nichts mehr Nutzen zu ziehen als aus zwei „Durchschnitten". So führt Parfit folgendes Beispiel an:

„Angenommen, nach einer genetischen Veränderung kommen Kinder fortan als Zwillinge zur Welt, von denen einer immer blind ist. Und nehmen wir einmal an, dass als ein allgemein übliches Verfahren nach jeder Geburt eine Operation durchgeführt wird, bei der ein Auge des gesunden Babys in seinen blinden Zwilling transplantiert wird."[81]

Unabhängig von einer Diskussion um die Berechtigung und moralische Bewertung einer solchen Maßnahme ist ihr Nutzen zu betrachten. Auf den ersten Blick scheint die Lösung akzeptabel. Zwar haben alle Kinder nur noch ein Auge, aber alle können sehen. Doch der erste Anschein, es handele sich unter Nutzengesichtspunkten um eine akzeptable Variante, trügt, und hier ist das Beispiel verräterisch: Denn mit dem Verlust der Zweiäugigkeit geht auch die Fähigkeit zu räumlichem Sehen verloren. Die zweiäugigen Zwillinge verlieren mehr als ein Auge, aber die blinden gewinnen nur eine eingeschränkte Sehfähigkeit.

Meines Erachtens ist dieser, oben bereits erläuterte Einwand der Angleichung nach unten jedoch nur in bestimmten Fällen, nämlich wenn es sich um den Klassiker, das Geld, handelt, als Problem des Wohlfahrtsverlustes zu sehen. Sind andere Eigenschaften wie Sehfähigkeit, Fleiß oder Intelligenz betroffen, ist Angleichung nach unten vielmehr als Ausprägung der Inhumanität des Egalitarismus zu begreifen. Dies gilt zweifelsohne dann, wenn ganz offensichtlich im

---

[81] Parfit: Gleichheit, S. 92.

Ergebnis absolute Standards unterschritten werden.[82] Doch es sollte auch dann gelten, wenn die Angleichung durch die Zerstörung von Vorteilen vorgenommen wird, ohne daß im Ergebnis eine absolute Grenze unterschritten wird. Dies ist der Fall in einer Erzählung Vonneguts, in der der Protagonist George einen kleinen Sender im Ohr trägt, der durch sein regelmäßiges Piepsen verhindert, daß George einen unfairen Vorteil aus seiner höheren Intelligenz ziehen kann.[83]

Die Zerstörung von Vorteilen solcher Art, sofern diese nicht unrechtmäßig erworben worden sind, unterschreitet einen absoluten menschenrechtlichen Standard. Deshalb halte ich sie für unrechtmäßig und inhuman.

Doch mehr noch als an überzeugenden Lösungen der aufgezeigten Probleme mangelt es der egalitaristischen Theorie an einer substantiellen Begründung ihrer Grundlage: der Forderung nach Gleichheit.[84] Denn die Anwendung traditioneller, allgemein akzeptierter Gerechtigkeitsgrundsätze wie Bedürftigkeit, Verdienst oder Qualifikation führt ganz offensichtlich zu Ungleichheit. Anderenfalls aber dürfte, wer freundlicher ist, nicht mehr gemocht werden, wer mehr leistet, nicht mehr verdienen. Doch „[w]as ist das für eine Gesellschaft, die jemandem, der Besonderes leistet, die Anerkennung und den Respekt dafür unterschlägt?"[85]

---

[82] So etwa in Parfits Beispiel, Sehende blind zu machen. Parfit: Gleichheit, S. 92.

[83] Vgl. Vonnegut, Kurt: Harrison Bergeron, in: Pojman, Louis, Westmoreland, Robert (Hrsg.): Equality. Selected Readings, Oxford 1997, S. 315-318, S. 315. Zitiert nach Krebs: Arbeit.

[84] Ausführlicher wurde hierzu bereits im Kapitel 2.4 argumentiert.

[85] So eine Interviewäußerung von Peter Glotz, in: Lotter, Wolf: Die Ausnahmen und die Regel, in: brand eins Wirtschaftsmagazin, Heft 8/ 2003, S. 44-51, S. 48. Im Folgenden zitiert als: „brand eins".

Dennoch: „[D]ie einzige Rechtfertigung, die Rawls für sein „first principle" gibt, ist entwaffnend: Es sei selbstverständlich."[86] Alternativ wird das Gleichheitsprinzip durch rhetorische Fragen, die „eine anständige Person mit normalen Empfindungen menschlicher Wärme"[87] nur affirmativ beantworten können soll, oder unzählige Varianten des Kuchenbeispiels plausibilisiert.

Doch können demagogische Fragen und unterkomplexe Bilder, die zwar zur Illustration spezifischer Probleme, nicht aber als Weltmodell taugen, nicht den Ansprüchen, die an eine fundierte theoretische Rechtfertigung gestellt werden, genügen. Somit bleibt, im Gegensatz zur weit verbreiteten Annahme, festzuhalten: „Gleichheit ist nicht gerecht".[88]

---

[86] Radnitzky: John Rawls, S. 42.
[87] Frankfurt: Gleichheit, S. 40.
[88] So der Hefttitel des Wirtschaftsmagazins brand eins, Ausgabe 08/ 2003.

# 4. Schöne neue Welt: Macht Gleichheit glücklich?

Das Verhältnis, in dem Anzahl und Qualität der Argumente pro und contra Gleichheitsprinzip als Gerechtigkeitsprinzip stehen, spricht für sich. Ist Gerechtigkeit womöglich nur eine Tarnung für die wahren Ziele der Gleichheitspostulantinnen? Ist Gleichheit das Soma[89], die nebenwirkungsfreie Glücksdroge unserer Zeit, welches uns aller Sorgen und Probleme enthöbe, wenn - ja, wenn es denn endlich freigegeben, mit anderen Worten, von den bösen Neoliberalen nicht länger verhindert werden würde? Sind also die neuen Montagsdemonstrantinnen, die Linksparteiwählerinnen, Gewerkschaftsmitglieder und Globalisierungsgegnerinnen längst allen anderen voraus in einer (zumindest potentiell, wenn doch nur nicht diese Neoliberalen wären!) glücklichen Zukunft angekommen? Die Parolen: „Her mit dem schönen Leben!" und „Eine bessere Welt ist möglich!" weisen in diese Richtung. Doch was macht Menschen glücklich? Und können diese Glücksfaktoren unter Gleichheitsbedingungen tatsächlich existieren?

## 4.1 Glück

Glück, oder, etwas vorsichtiger ausgedrückt, Wohlbefinden, spielt zweifelsohne eine bedeutende Rolle im Leben von Menschen. „For

---

[89] Soma (das griechische Wort für „Körper") ist der Name der beständig konsumierten Glücksdroge in A. Huxleys utopischem Roman: Brave New World (dt. Schöne neue Welt). Vgl. Huxley, Aldous: Brave New World, London 1994.

most people, happiness is the main, if not the only, ultimate objective of life".[90]

Um glücklich sein zu können, ist sicherlich eine ausreichende Versorgung mit Grundgütern (wie Nahrung, Kleidung, Wohnung, medizinische Versorgung, Sicherheit) wichtig, wenn vielleicht auch nicht in jeder Situation zwingend erforderlich. Da ich mein Augenmerk jedoch vornehmlich auf die bundesdeutsche oder vergleichbare Gesellschaften richte, werde ich eine ausreichende Versorgung mit diesen Gütern als gegeben unterstellen. Auch die Glücksforschung ist schließlich an der Frage interessiert, was einem Menschen noch zum Glück fehlt, wenn sein Überleben gesichert ist.

Es ist in der Glücksforschung üblich, drei Gruppen von Faktoren zu unterscheiden, die das individuelle Wohlbefinden beeinflussen. Dies sind erstens persönliche und demographische, zweitens mikro- und makroökonomische und drittens politisch-institutionelle Faktoren.[91]

Zu den persönlichen und demographischen Determinanten zählen Alter, Geschlecht, Bildung(sabschluß), Familienstand, aber auch der Beschäftigungsstatus (selbständig bzw. in der eigenen Firma angestellt, Hausmann oder -frau, beamtet, sonstwie erwerbstätig). Die wichtigsten ökonomischen Faktoren sind Arbeitslosigkeit und Haushaltseinkommen. Politisch-institutionelle Faktoren betreffen den Grad der Demokratisierung und Rechtsstaatlichkeit, das Ausmaß der politischen Beteiligungsmöglichkeiten und lokale Autonomie bzw. Föderalismus.

---

[90] Ng, Yew-Kwang: Happiness surveys: Some Comparability Issues and an Exploratory Survey Based on Just Perceivable Increments, in: Social Indicators Research 1/1996, S. 1-27, S. 1, zitiert nach: Frey, Bruno S., Stutzer, Alois: What can Economists learn from Happiness Research?, München 2001, S. 2. Im Folgenden zitiert als: „Frey: Economists".

[91] Vgl. Frey, Bruno S., Stutzer, Alois: Happiness, Economy and Institutions, München 2000, S. 3. Im Folgenden zitiert als: „Frey: Happiness".

Diesen Faktoren lassen sich unterschiedliche „Glückspotentiale" zuordnen, d. h., die Glücksforschung ermittelt, welche Faktoren das statistische Glücksniveau wie stark beeinflussen. Das kann sich mitunter sehr stark von dem unterscheiden, was Menschen als das benennen, was sie besonders glücklich macht.

Einige von der Glücksforschung als einflussreich identifizierte Parameter sind: im Besitz eines Arbeitsplatzes zu sein, Geld, die Möglichkeit zu politischer Mitbestimmung, Selbstbestimmtheit in der Arbeit. Die beiden letztgenannten Faktoren werde ich nachfolgend unter dem Begriff „Freiheit" zusammenfassen.

Einen Faktor werde ich ausklammern: die Liebe. Viele Menschen geben an, daß eine gute Partnerschaft bzw. Familienleben für ihr persönliches Wohlbefinden sehr wichtig ist. Dieser Effekt wird von der Glücksforschung auch objektiv nachgewiesen.[92] Laut dem Glücksforscher James Montier gibt es „vermutlich nichts, was glücklicher macht"[93], als Sex mit der Person, die man liebt. Doch solange Menschen einander noch nicht vollkommen gleichen und deshalb die Frage im Raum steht, ob es Liebe unter Gleichen gibt, solange ist dieser Glücksfaktor für die Bewertung von Egalisierungsambitionen unbeachtlich.

Eine stark negative Auswirkung auf das Wohlbefinden hat Arbeitslosigkeit. Doch in welcher Beziehung stehen Arbeitslosigkeit und Gleichheit zueinander? Von der unglücklichmachenden Wirkung der Arbeitslosigkeit darauf zu schließen, daß alle Menschen gleichermaßen Arbeit haben sollten, ist falsch. Denn dieser Schluß würde, wie in Kapitel 3.2.1 beschrieben, Allgemeinheit und Gleichheit

---

[92] Frey: Happiness, S. 12.

[93] Hoffmann, Catherine, Roßbach, Henrike: „Viele Menschen verwechseln Geld mit Glück". Interview mit James Montier, in: Frankfurter Allgemeine Sonntagszeitung, 01.01.2006, S. 47. Im Folgenden zitiert als: „Hoffmann: Glück".

verwechseln. Allenfalls läßt sich festhalten, daß es unter Glücks-gesichtspunkten positiv ist, wenn diejenigen, die es wünschen, einen Arbeitsplatz haben. Doch das führt geradewegs zu dem Problem, daß permanente Vollbeschäftigung in einem freien Wirtschafts- und Gesellschaftssystem nicht erreicht werden kann. Hält man dennoch am Traum von der Abschaffung der Arbeitslosigkeit fest, müßte also der Staat eingreifen und Arbeitsplätze zur Verfügung stellen.

Abgesehen von der Frage, wie glücklich solche zugewiesenen Arbeitsplätze machen,[94] bedeutet das die Aufgabe des freiheitlichen Wirtschaftssystems, was wiederum Unfreiheits- und Unglücksfolgen hat, wie ich gleich zeigen werde. Wenn man mit von Hayek annimmt, daß erst der Kapitalismus Demokratie ermöglicht,[95] dann ist die Ent-scheidung für eine staatliche Zuweisungsbefugnis von Arbeitsplätzen (mit allen Konsequenzen, die zur Umsetzung dieser Befugnis er-forderlich sind), also gegen wirtschaftliche Freiheit, zugleich eine Entscheidung gegen politische Freiheit.

Unfreiheit macht aber nicht glücklich, wie ich gleich nachweisen werde. Darüber hinaus wird Freiheit zumeist auch als absoluter Wert angesehen, den es zu schützen gilt. Somit ist das Gleichheitspostulat auch kein probates Mittel gegen die negativen Folgen der Arbeits-losigkeit. Das legt auch ein anderes Ergebnis der Glücksforschung nahe. „Unemployed people's well-being [...] depends on the strength of the social norm to work."[96] Die gesellschaftliche Akzeptanz der Unterschiedlichkeit der Menschen und der Vielfältigkeit ihrer

---

[94] Vgl. Frey, demzufolge eine *befriedigende* Beschäftigung der wichtigste Glücksfaktor in der ökonomischen Glücksforschung ist. Vgl. Frey, Bruno: Der Wert des Geldes, in: Financial Times Deutschland, 04.01.2006, www.ftd.de/me/cl/37225.html, abgerufen am 06.01.2006 um 14.38 Uhr. Hervorhebung von mir.

[95] Vgl. Hayek, Friedrich August von: Freedom and the Economic System, Public Policy Pamphlet No. 29, hrsg. von Harry D. Gideonse, Chicago 1939, S. 28.

[96] Frey: Economists, S. 13.

Lebensentwürfe dürfte hier also eher Abhilfe schaffen, als die politische Unterstützung des sozialen Arbeitszwangs.

Oft falsch eingeschätzt wird der Einfluß von Geld auf das individuelle Wohlbefinden. Dieser Einfluß ist nicht linear. Überhaupt über Geld zu verfügen, ist sehr wichtig. Auch gibt es einen stark positiven Zusammenhang zwischen der Höhe des Einkommens und dem Wohlbefinden.[97] Wenn Menschen aber über ausreichend Geld verfügen, um ihre Grundbedürfnisse erfüllen zu können, ist mit einem Zuwachs an Geld nur ein geringer Glückszuwachs verbunden.[98] „Viele Menschen verwechseln Geld mit Glück"[99]. Nichtsdestotrotz ist individueller wie gesellschaftlicher Wohlstand positiv zu bewerten. Denn er ermöglicht Investitionen in Umweltschutz, Bildungseinrichtungen und dergleichen mehr, die wiederum das Wohlbefinden positiv beeinflussen.

Zu beachten ist auch, daß Verluste oder entgangene Gewinne Menschen deutlich unglücklicher machen, als ein erzielter Gewinn in gleicher Höhe sie glücklich macht. Verdiensteinbußen oder Verdienstzuwächse in einer geringeren als der erwarteten (oder bei der Kollegin beobachteten) Höhe haben also einen negativen Einfluß auf das Wohlbefinden.[100]

---

[97] Vgl. Frank, Robert: Does Absolute Income Matter?, in: Bruni, Luigino, Porta, Pier Luigi: Economics and Happiness. Framing the Analysis, Oxford 2006, S.65-90, S. 65. Nachfolgend zitiert als: „Frank: Income".

[98] Vgl. Hoffmann: Geld, sowie Frey: Happiness, S. 12 und Frank: Income, S. 65.

[99] Hoffmann: Geld, S. 47.

[100] Dieses Phänomen der menschlichen Wahrnehmung liegt auch „Murphy's Law" („If it can go wrong, it will.") zu Grunde. Seine Wirkung beruht darauf, daß Menschen sich an positive und negative Ergebnisse unterschiedlich erinnern und unterschiedliche Erklärungsmuster dafür bevorzugen: negative Ereignisse führen sie vornehmlich auf Faktoren zurück, die sie nicht beeinflussen konnten. Das vermindert nachweislich die Fähigkeit zur Bewältigung negativer Ereignisse. Vgl. Frank: Income, S. 73f. Daß Robert

Persönliches Wohlbefinden korreliert auch positiv mit größerer Freiheit im Arbeitsleben. Dieser Aspekt wird, wie andere Aspekte des Faktors Freiheit, jedoch meist unterschätzt. Dabei weist Freiheit sowohl in politischen wie in Arbeitszusammenhängen eine stark positive Korrelation mit Glück auf.[101] Daraus läßt sich schließen, daß eine Vergrößerung des Glücks nicht auf Kosten von Freiheit erreicht werden kann. Mehr Gleichheit sollte das vorhandene Maß an Freiheit und Wohlstand möglichst vergrößern, darf es aber sicher nicht verkleinern. Daher möchte ich nachfolgend die Beziehungen von Freiheit, Wohlstand und Gleichheit untersuchen.

## 4.2 Freiheit

„Jeder kann Freiheit so definieren, wie er will. Wenn ihm aber daran liegt, daß wir uns seine Formulierung zu eigen machen, dann muß er ein wirklich überzeugendes Argument vorlegen."[102] Dieses ist, wie

---

Matthews dieses Gesetz für den Fall von Buttertoast, das immer auf die gebutterte Seite fällt, beweisen konnte, liegt an den spezifischen Ausgangsbedingungen für das Herunterfallen von Toast und steht somit nicht im Widerspruch zu der Erklärung von Murphy's Law als einem Wahrnehmungsphänomen. Vgl. Matthews, Robert: Tumbling toast, Murphy's Law and the fundamental constants, in: European Journal of Physics, Heft 4/ 1995, S. 172-176.

[101] „[W]e have adduced strong evidence that institutional (or constitutional) factors exert a systematic and sizeable influence on reported happiness. The existence of extended individual participation possibilities [...] and of decentralised (federal) government structures raises the subjective well-being of people." Frey: Happiness, S. 21f, vgl. auch Frey: Economists, S. 15ff.

[102] Leoni, Bruno: Freedom and the Law, erw. 3. Auflage, Nachdruck des Liberty Fund, Indianapolis 2003, zitiert nach: Bouillon, Hardy: Liber, Tas und die Räuber, in: Baader, Roland: Die Enkel des Perikles. Liberale

ich meine, Isaiah Berlin mit seinen Überlegungen zur Freiheit gelungen. Berlin entwickelt die Unterscheidung zweier Freiheiten, deren eine gar nicht Freiheit heißen und noch weniger positiv genannt werden dürfte[103]: die negative und die positive Freiheit.[104] Dies entspricht „der Einteilung in Freiheit und Macht [...]. Positive Freiheit ist demnach die schiere Macht, etwas tun zu können. Negative Freiheit hingegen bezeichnet die Macht, etwas tun zu können, ohne dem Zwang anderer ausgesetzt zu sein."[105] Negative Freiheit besteht in der Freiheit von Zwang, ist also die eigentliche Freiheit: „im Kern die Fähigkeit und der Wille, zu tun und zu lassen was man will."[106] Die positive Freiheit ist nur scheinbar die höhere Form. „Berlins Fehler ist es, diesen Platonismus oder Hegelismus mit dem Wort „Freiheit" zu ehren."[107]

Daß es unumgänglich ist, die menschliche Freiheit einzuschränken, um gedeihliches Zusammenleben zu ermöglich, ist gewiß. Ebenso gewiß ist aber auch, daß es nicht die Freiheit ist, die sich dadurch

---

Positionen zu Sozialstaat und Gesellschaft, Gräfelfing 1995, S. 85-105. Im Folgenden zitiert als: „Bouillon: Räuber".

[103] „Es ist zumindest ein Public-Relations- Fehler, „negativ" zu nennen, denn sie [sic!] ist der oberste Wert für viele, wohl auch für Berlin selbst." Dahrendorf, Ralf: Freiheit ist tätige Freiheit. NZZ 19.03.2005, www.nzz.ch/dossiers/Lberalismus/System_Liberalismus/2005/03/19/li/article CMCGT.html, abgerufen am 23.11.2005 um 14.01 Uhr. Im Folgenden zitiert als: „Dahrendorf: Freiheit".

[104] Vgl. Berlin, Isaiah: Two Concepts of Liberty, Oxford 1958, zur negativen Freiheit S. 7ff, zur positiven Freiheit S. 16ff. Vgl. auch Carter, Ian: Positive and Negative Liberty, in: Stanford Encyclopedia of Philosophy, Stanford 2003, http://plato.stanford.edu/entries/liberty-positive-negative, abgerufen am 13.01.2006 um 10.28 Uhr.

[105] Bouillon: Räuber, S. 88.

[106] Dahrendorf: Freiheit.

[107] Dahrendorf: Freiheit.

vergrößert. Daher dürfen ihre Beschränkungen, sofern Freiheit als ein Wert ernst genommen wird, nicht ausufern. Insofern ist es überaus aufschlußreich, wenn der SPD-Generalsekretär Hubertus Heil „die „positive" Freiheit (zu etwas) für die Sozialdemokratie und die „negative" Freiheit (von etwas) für die Liberalen"[108] reklamiert.[109]

Wie kann nun diese Freiheit von Zwang, Freiheit, das eigene Leben selbstbestimmt zu gestalten, mit Gleichheit in Einklang gebracht werden? Die Antwort lautet: gar nicht. Es ist unmöglich, weil Freiheit und Gleichheit unvereinbare Gegensätze sind.

„Denn die Gleichheit vernichtet die Freiheit, und die Freiheit vernichtet die Gleichheit. Wenn alle Menschen als identisch angesehen und infolgedessen denselben Rechten, Pflichten und Lebensformen unterworfen werden, so sind sie nicht mehr frei; und wenn alle sich ungehemmt nach ihren verschiedenen Individualitäten entfalten dürfen, so sind sie nicht mehr gleich."[110]

Logisch betrachtet, dürfte also nur entweder die Gleichheit oder die Freiheit von demselben Individuum positiv bewertet werden. Doch die Situation stellt sich anders dar. Wenn auch die Präferenzordnungen in Ost- und Westdeutschland umgekehrt sind, hier die Gleichheit und da

---

[108] Sprenger, Reinhard: Freiheit ist Befreiung von Zwang, in: Frankfurter Allgemeine Sonntagszeitung vom 01.01.2006, S. 2.
[109] Noch eine Stufe der Perversion höher klettert die Regierung von Gilead, dem totalitären Staat in Margaret Atwoods „Der Report der Magd", einer negativen Utopie im Range von George Orwells „1984" und Huxleys „Schöne neue Welt". Die Freiheit von Zwang wird umgedeutet in die Freiheit von Übel (was ein Übel ist, bestimmen „sie", wie die Machthaber nur heißen). Damit wird also tatsächliche Freiheit auf der Begriffsebene abgeschafft. Vgl. Atwood, Margaret: Der Report der Magd, Frankfurt/ M. 1994, S. 39.
[110] Friedell, Egon: Kulturgeschichte der Neuzeit, Bd. 2, München 2000[13], S. 844.

die Freiheit bevorzugt wird,[111] so bedeutet diese Bevorzugung (faktisch, nicht logisch!) nicht automatisch die völlige Ablehnung des jeweils anderen Wertes. Stattdessen der erstaunliche Befund: Beide Begriffe sind positiv besetzt. Wie ist das möglich trotz ihrer offenkundigen Unvereinbarkeit?

Der Trick besteht in der allmählichen Aushöhlung eines Begriffs durch Suggestivdefinitionen, die es letztlich erlauben, mit einem Begriff sogar das Gegenteil seiner ursprünglichen Bedeutung auszusagen. Es ist nahezu unmöglich, einen allgemein positiv besetzten Begriff wie Freiheit oder Gerechtigkeit offen zu diskreditieren. Das erzeugt Aufmerksamkeit und Widerspruch. Dagegen ist es viel einfacher, den positiven Wert des Begriffs zu benutzen, um das, was er angeblich „eigentlich meint", ebenfalls positiv zu besetzen und langsam in die Köpfe der Menschen einzuschleusen. Früher oder später geht die Saat auf, die Köpfe reproduzieren nicht mehr das ursprüngliche Begriffsverständnis, sondern das neue, manipulierte. In der Biologie ist dies die Strategie von Viren: Zellen zu infiltrieren, damit diese nicht mehr eigenes, sondern virales Erbgut produzieren.

Für den Begriff Freiheit illustriert Radnitzky[112] dieses Vorgehen anhand der Aussage Helmut Schmidts, die wahre Freiheit sei die soziale Sicherheit. Das bedeutet nichts anderes, als „daß der Gefangene im goldenen Käfig eigentlich erst richtig frei geworden ist."[113] Unter der Hand wurde Freiheit in ihr Gegenteil verwandelt.

Es läßt sich festhalten: Wo Freiheit im Verein mit Gleichheit auftaucht, handelt es sich nicht um die echte, die Freiheit von Zwang. Sondern Freiheit ist, wie Gerechtigkeit, ein Wirtstier geworden für ihre Negation. Sie beschreibt nicht mehr die individuelle

---

[111] Vgl. Schroeder, Klaus: Der Preis der Einheit, Lizenzausgabe für die Bayerische Landeszentrale für politische Bildungsarbeit, München, Wien 2000, S. 207.
[112] Radnitzky: John Rawls, S. 33.
[113] Radnitzky: John Rawls, S. 33.

Selbstbestimmung, sondern die Hinordnung aller auf ein großes Ziel: Gleichheit. Das ist positive Freiheit Berlinscher Diktion, faktisch Unfreiheit.

Das Wort Egon Friedells von der Unvereinbarkeit von Freiheit und Gleichheit gilt uneingeschränkt. Wer Freiheit, will, muß Ungleichheit akzeptieren. Gleichheit hingegen bedeutet Abwesenheit von Freiheit. Doch wie wirkt sich dies auf Wohlstand aus?

# 4.3 Wohlstand

„Es ist genug Geld da, es muß nur anders verteilt werden!" Diese Parole zeigt, daß Wohlstandserzeugung und -bewahrung zumeist nicht (oder jedenfalls nicht an prominenter Stelle) auf dem Problemhorizont der Gleichheitspostulantinnen präsent ist. Wohlstand ist vorhanden, er stellt sich von allein ein oder ist Nebenprodukt der menschlichen Selbstverwirklichung durch schöpferische Akte. Das Verzwickte am Wohlstand, der große Streitpunkt, ist seine Verteilung. Seine Entstehung wird als unproblematisch gegeben angenommen.

Doch m. E. stellt dies seitens der Verfechterinnen von Gleichheit als politischem Ziel oder gar Wert eine Ausblendung von Konsequenzen des eigenen Handelns und Strebens dar und ist somit unredlich. Selbst ein tatsächlich existierender Wohlstandsautomatismus bedürfte eines Nachweises. Jedoch bezweifle ich, daß die Entstehung und Vermehrung oder auch nur Erhaltung des Wohlstands als unproblematisch gegeben betrachtet werden dürfen. Daher möchte ich im Folgenden der Frage nachgehen, ob unter der Bedingung, daß tatsächlich Gleichheit herrschte, überhaupt noch Wohlstand erzeugt oder erhalten werden kann.

Dabei möchte ich mich auf die von Friedrich August von Hayek herausgearbeiteten Argumentationen gegen den „alten" und den

„neuen" Sozialismus stützen.[114] Der „alte" Sozialismus ist der Staatssozialismus mit einem zentral geplanten Wirtschaftssystem. Mit ihm setzt sich von Hayek insbesondere in seinem 1944 erschienenen Werk „Der Weg zur Knechtschaft"[115] auseinander. Als „neuen" Sozialismus bezeichnet von Hayek solche Formen, „die das Ziel sozialer Gerechtigkeit durch eine Vielzahl von Eingriffen in eine grundsätzlich zu erhaltende Marktwirtschaft zu erreichen suchen."[116] Von Hayek hält in seinem Vorwort zur Neuherausgabe von „Der Weg zur Knechtschaft" zwar fest, daß die alte „Form des Sozialismus von den meisten sozialistischen Parteien des Westens aufgegeben worden"[117] ist, dennoch werde ich die Argumentation gegen diese Form des Sozialismus darstellen. Denn so, wie von Hayek den „neuen" Sozialismus als Weiterentwicklung des „alten" begreift, sind auch seine Argumente gegen diesen eine Weiterentwicklung der Argumente gegen jenen. Zudem führt die strenge Verwirklichung von Gleichheit automatisch in die Planwirtschaft, denn sie ließe sich in einem freien Wirtschaftssystem nicht nur nicht durchsetzen. Vielmehr kann Gleichheit schon dessen Voraussetzungen nicht tolerieren.

Ein System zentraler Wirtschaftsplanung führt aber unweigerlich in eine Diktatur, wie von Hayek zeigen kann. Die Argumentation gegen den „alten" Sozialismus ist also zugleich auch eine Argumentation gegen Formen strenger Verwirklichung von Gleichheit.

---

[114] Diese Ausführungen stützen sich auf einen Aufsatz von Ingo Pies, der eine Interpretation des von Hayekschen Gesamtwerks versucht. Vgl. Pies, Ingo: Theoretische Grundlagen demokratischer Wirtschafts- und Gesellschafts-politik - Der Beitrag F. A. von Hayeks in: Pies, Ingo und Leschke, Martin (Hrsg.): F. A. von Hayeks konstitutioneller Liberalismus, Tübingen 2003, S. 1-33. Im Folgenden zitiert als: „Pies: Grundlagen".

[115] Hayek, Friedrich August von: Der Weg zur Knechtschaft, Sonderausgabe München 2003, darin enthalten: Vorbemerkung des Verfassers zur Neu-Herausgabe 1976. Im Folgenden zitiert als „Von Hayek: Weg".

[116] Von Hayek: Weg, S. 17.

[117] Von Hayek: Weg, S. 17.

Von Hayek unterscheidet zwei Arten der Planung: zentrale und dezentrale. Die dezentrale Planung ist leistungsfähiger als die zentrale, weil sie das Wissen aller Interagierenden verarbeitet, die zentrale Planung hingegen maximal das Wissen der Planungsinstanz berücksichtigen kann. Zudem erfordert dezentrale Planung weniger Konsens als die zentrale, denn erstere erfordert nur die Einigung über allgemeine Regeln langer Geltungsdauer und keinen Konsens über sämtliche Produktionsentscheidungen, wie er in einem Zentralplanungssystem erforderlich ist.

Dieser umfassende Konsens bezüglich einer unüberschaubaren Vielzahl von Entscheidungen ist aber in einem demokratischen System nicht vorstellbar. Darum ist Planwirtschaft nur in einer Diktatur durchsetzbar. Mit einer demokratischen Staatsorganisation hingegen, in der zwangsläufig unterschiedliche Meinungen einander gegenüberstehen, ist das nicht vereinbar.

Doch zentrale Planung ist nicht nur eine politische, sie ist auch eine zivilisatorische Katastrophe. Denn zwei Entwicklungen sind nach von Hayek in einer Zentralverwaltungswirtschaft zwangsläufig: Die erste führt zu gesellschaftlich-politischem Entwicklungsstillstand, die zweite zum Verlust kritischen Entwicklungspotentials.

Den Entwicklungsstillstand erklärt von Hayek folgendermaßen: Menschen finden sich eher mit Ungleichheiten ab, wenn sie diese als Ergebnisse eines unpersönlichen Prozesses begreifen und nicht als Konsequenz einer politischen Entscheidung identifizieren. Da Menschen generell bestrebt sind, Nachteile zu vermeiden, wird in einer Zentralverwaltungswirtschaft die Politik bedrängt, mit Nachteilen verbundene Entwicklungen zu unterbinden bzw. keine mit Nachteilen verbundenen Entscheidungen zu treffen. Da kaum eine Entwicklung oder hierfür erforderliche Entscheidung denkbar ist, die nicht irgendeiner Gruppe Nachteile bescheren würde, unterbleibt in der Konsequenz Entwicklung ganz.

Die zweite Überlegung greift das Problem des umfassenden Konsensbedarfs der zentral geplanten Wirtschaft wieder auf. Konsens hinsichtlich der Planentscheidungen könnte allenfalls (und schon das ist nicht wahrscheinlich) in kleinen Gruppen zustande kommen. In großen Gruppen ist er unmöglich und muß daher durch Vorgaben ersetzt werden. Damit diese Vorgaben akzeptiert werden, bedarf es „flankierender Maßnahmen" wie der Beeinflussung der öffentlichen Meinung, Zensur und der Kontrolle von Informationsquellen. Dies beeinträchtigt offensichtlich die Menschen, die sich durch solche Maßnahmen beschränkt fühlen. Doch da für von Hayek „die menschliche Vernunft das *Ergebnis* eines *sozialen* Prozesses [ist], der durch rationale Diskussion vorangetrieben wird"[118], haben Zensur, Informationskontrolle, Presselenkung und dergleichen noch eine viel weitreichendere Konsequenz: Derartige Maßnahmen führen durch mangelnde geistige Anregung und eingeschränkten Austausch zu einer geistigen Verarmung, die letztlich die gesamte Gesellschaft trifft.

Die Planwirtschaft des „alten" Sozialismus ist für von Hayek die kollektivistische Methode,[119] der er die auf Privatinitiative setzende individualistische Methode gegenüberstellt. Diese Auseinandersetzung wurde unter dem Gesichtspunkt der Zweckmäßigkeit geführt. Den „neuen" Sozialismus begreift von Hayek als interventionistisch. „Hierdurch sieht sich von Hayek vor die Aufgabe gestellt, seine ursprünglich anti-kollektivistisch ausgerichtete Argumentation zugunsten der individualistischen Methode nun neu zu justieren und anti- interventionistisch auszurichten."[120] Diese Debatte ist primär eine Wertedebatte. Argumente der Zweckmäßigkeit spielen in einer solchen Auseinandersetzung allenfalls eine untergeordnete Rolle. Dennoch begreift von Hayek in dieser Debatte die Freiheit ganz

---

[118] Pies: Grundlagen, S 6. Hervorhebungen im Original.

[119] Diese Methode besteht in der „Abschaffung der Privatunternehmen und des Privateigentums an den Produktionsmitteln und [der] Schaffung eines Planwirtschaftssystems, in dem an die Stelle des für seinen Gewinn arbeitenden Unternehmers eine zentrale Planwirtschaftsbehörde tritt." Von Hayek: Weg, S. 54.

[120] Pies: Grundlagen, S. 13.

bewusst nicht als Wert an sich, sondern schreibt ihr einen Wert zu, argumentiert also auch hier wieder zweckmäßig.[121]

Dreh- und Angelpunkt seiner Argumentation ist die möglichst effiziente Verarbeitung der knappen Ressource Wissen durch Menschen, die aber immer nur über kleine Teile des Wissens verfügen. Die Voraussetzung für gesellschaftlichen Fortschritt und Wohlstand ist nun, daß die Individuen ihr Wissen so einsetzen, daß andere davon profitieren. Das tun sie, wenn sie entsprechende Anreize vorfinden.[122]

Allein mit dem Einsatz des individuellen Wissens zugunsten aller am System teilhabenden Individuen geht aber noch keine Wohlstandssteigerung einher. Um eine solche zu erreichen, müssen die Menschen ihr Wissen, ihren Beitrag zur Wohlstandserzeugung, nicht nur leisten, sondern auch stets verbessern. Anders ist Fortschritt nicht denkbar.

---

[121] Entsprechende Gedanken entwickelt von Hayek insbesondere im ersten Teil seines Buches „The Constitution of Liberty". Vgl. Hayek, Friedrich August von: The Constitution of Liberty, London 1960, Teil I, S. 11-130.

[122] Dieser Mechanismus ist so anerkannt und unumstritten, daß sogar die SED ihn sich zunutze machen wollte, als sie 1963 das „Neue Ökonomische System der Planung und Leitung der Volkswirtschaft" (NÖSPL) startete. Dessen Kennzeichen waren die größere Handlungsfreiheit und Eigenverantwortung der unteren Wirtschaftseinheiten. Man erhoffte sich eine Überwindung der erheblichen wirtschaftlichen Schwierigkeiten und erzielte anfänglich auch bemerkenswerte Erfolge. Daß das NÖSPL bereits ab 1964 zunehmend revidiert und 1970 schließlich abgebrochen wurde, erklärt sich also nicht durch „Programmfehler" oder Versagen der Anreizsysteme (sog. „Hebel der materiellen Interessiertheit"), sondern ist auf die von der SED gehegte Befürchtung, daß wirtschaftliche Liberalisierung die Forderung nach politischer Liberalisierung mit sich bringen könnte, zurückzuführen. Vgl. hierzu Schroeder, Klaus, unter Mitarbeit von Steffen Alisch: Der SED-Staat. Geschichte und Strukturen der DDR, Sonderauflage für die Landeszentrale für politische Bildungsarbeit Berlin, München 1998, S. 178ff. Von Hayeks Überlegungen erfahren somit Unterstützung von unerwarteter Seite.

Auch dazu müssen die Individuen entsprechende Anreize verspüren, erfolgreiches Verhalten muß belohnt werden. Die Wirkung solcher Anreize und Belohnungen würde aber verpuffen, wenn man diese nach Erbringen der Gegenleistung egalisieren würde. In der Konsequenz bedeutet das, daß in einem solchen wirtschaftlichen Anreiz-Belohnungs-System ungleiche Ausgangspositionen und ungleiche Verhaltensweisen als die entscheidenden Faktoren nicht zu einer Verringerung von Ungleichheit als Resultat führen können.

Das wäre sogar kontraproduktiv. Denn evolutionsbiologisch betrachtet, ist größere Vielfalt ein Überlebensvorteil. So existieren Arten, die sich zweigeschlechtlich vermehren, in der Regel länger als solche Arten, die sich eingeschlechtlich vermehren. Die zweigeschlechtliche Vermehrung führt durch unablässige Genvermischung zu immer neuen „genetischen Erfindungen" und zu größerer Vielfalt. Das hat drei große Vorteile für die Erhöhung der Überlebenschancen: Epidemien gleich welcher Art töten nur einen Teil der Population, die negativen Auswirkungen defekter Gene können reduziert werden und die Anpassung an die Umwelt, insbesondere an sich verändernde Umweltbedingungen, geschieht schneller.[123]

In der Natur werden diese Entwicklungen ganz unsentimental durch „survival of the fittest" gesteuert. Die Menschen hingegen sind bemüht, die tödlichen Konsequenzen für die weniger „Fitten" auszuschalten. Dieses moralisch begrüßenswerte Projekt ist recht erfolgreich. Nur enthebt es die Menschen nicht der Notwendigkeit, die besten Strategien und Techniken zum Überleben, zur Wohlstandsgewinnung und -vermehrung auszuwählen.

Doch es ist nicht von vornherein ersichtlich, welche Innovation tatsächlich gut ist, das Überleben sichert oder Fortschritt erzeugt: Ob eine Entwicklung sich durchsetzen kann, ist von vielen Faktoren, nicht zuletzt vom Zufall, abhängig und erweist sich immer erst in der Praxis.

---

[123] Vgl. hierzu von Bredow: Fest, S. 196ff.

Daher erfordert Wohlstand, gar steigender Wohlstand, die Freiheit, Innovationen - gleich, ob technischer oder sozialer Art - ausprobieren zu können, um sie dann, wiederum aus freier Entscheidung, als tauglich übernehmen oder als untauglich verwerfen zu können. Die Freiheit abzuschaffen, um den negativen Konsequenzen einer erfolglosen Entwicklung oder einer falschen Entscheidung zu entgehen, hieße, das Kind mit dem Bade auszuschütten. Denn dadurch wäre zugleich die Möglichkeit versperrt, von den positiven Konsequenzen erfolgreicher Entwicklungen und richtiger Entscheidungen zu profitieren.

Damit ist zugleich der Zusammenhang von Freiheit und Wohlstand beschrieben: Ohne Freiheit kann es keinen Wohlstand geben. Und ohne Ungleichheit gibt es weder die eine noch den anderen.

# 5. Das Geheimnis der Gleichheit

Wie das vorvorige Kapitel gezeigt hat, ist „Gerechtigkeit [...] kein Synonym für Gleichheit."[124] Gleichverteilung ist nur selten (und dann oft in konstruierten unterkomplexen Situationen) eine gerechte Verteilung. Proportional gleiche Verteilungen sind weder theoretisch unumstritten gerecht noch realisierbar. Das einzusehen ist nicht besonders schwer. Auch ist, wie im vorigen Kapitel dargelegt wurde, offensichtlich, daß mehr Gleichheit zu weniger Freiheit und weniger Wohlstand führt. Diese bisher gegen Gleichheitsforderungen ins Feld geführten Argumente wiegen schwer und sind überzeugend. Dennoch ist die Gleichheitsideologie nach wie vor omnipräsent. Das wirft die Frage nach den Gründen dieses - oberflächlich gesehen - paradoxen Befundes auf.

## 5.1. Die Schweigespirale

Möglicherweise ist die Dominanz gleichheitsaffiner Positionen zumindest teilweise als Effekt der sogenannten Schweigespirale zu deuten. Die Schweigespirale ist ein kommunikationstheoretisches Modell, das von Elisabeth Noelle-Neumann seit den 1960er Jahren entwickelt und 1980 publiziert worden ist.[125] Die Kernannahme des Modells ist, daß Menschen ihre Meinungsäußerungen von erwarteter Zustimmung oder Ablehnung ihrer Gesprächspartnerinnen abhängig machen. Wähnen sie sich in einer Randposition, neigen sie zu Zurückhaltung bei der Äußerung ihrer Meinung. Glauben sie aber, bei ihren Kommunikationspartnerinnen Zustimmung zu finden, tendieren sie dazu, ihre Ansicht zu äußern. Dieses Verhalten führt dazu, daß die

---

[124] Belwe, Katharina: Editorial, in: ApuZ, B37/ 2005, 12.09.2005, S. 2.
[125] Noelle-Neumann, Elisabeth: Die Schweigespirale. Öffentliche Meinung - unsere soziale Haut, München, Zürich 1980. Ab der zweiten Auflage umbenannt in: Noelle-Neumann, Elisabeth: Öffentliche Meinung. Die Entdeckung der Schweigespirale, Frankfurt/ M., Berlin 1991.

vermeintliche Mehrheitsmeinung zunehmende Unterstützung erfährt und dadurch auch tatsächlich an Zustimmung gewinnen kann, während die vermeintliche Mindermeinung beschwiegen wird und Zustimmung verliert. Auf diese Weise kann sich auch eine Mehrheitsmeinung, wenn sie nur für die Mindermeinung gehalten wird, tatsächlich in eine solche verwandeln. Diese Entwicklung verläuft nach Noelle-Neumann in der Form einer Spirale, weshalb sie dieses Modell „Schweigespirale" nannte.[126]

Übertragen auf den Liberalismus bedeutet das folgendes: Der Liberalismus stellt eine Minderheitenmeinung dar. Als solche wird er von seinen Anhängerinnen nicht entsprechend deren Einstellungen öffentlich vertreten. Die daraus sich ergebende mangelnde öffentliche Präsenz und Diskussion führt zu seiner weiteren Marginalisierung.

Als eine schleichende und nur schwer sichtbare Gefährdung könnte diese Entwicklung „sogar schwerwiegender sein als der offensichtliche, sich für populistische Anprangerung anbietende Systemmißbrauch"[127] in Form von mangelnden „checks and balances" oder nicht marktkonformen sozialutopischen Versprechungen.[128]

---

[126] Das Konzept der Schweigespirale ist nicht unumstritten. Insbesondere wird bemängelt, daß es nicht zwingend sei und keine Erklärung für die Fälle bietet, in denen die Minderheit ausnahmsweise nicht schweigt bzw. es zu Meinungswechseln kommt. Darüber hinaus ist die Annahme Noelle-Neumanns, es gebe ein bislang unentdecktes menschliches Organ, welches dem Erspüren der Meinungsverteilung dient, als äußerst schwierig einzustufen. vgl Bohrmann, Hans: Elisabeth Noelle-Neumann: Öffentliche Meinung. Die Entdeckung der Schweigespirale, in: Papcke, Sven, Oesterdiekhoff, Georg W. (Hrsg.): Schlüsselwerke der Soziologie, Wiesbaden 2001, S. 361-363, S. 363.
[127] Der Liberalismus des schlechten Gewissens, http://www.nzz.ch/2004/12/31/wi/kommentar CHKDE.html, abgerufen am 23.11.2005 um 14.05 Uhr. Im Folgenden zitiert als: „Liberalismus".
[128] Liberalismus.

Was aber läßt die Menschen annehmen, daß der Liberalismus eine Mindermeinung sei, wo doch überzeugende theoretische Argumente und empirische Befunde liberale Auffassungen als durchaus vernünftig erscheinen lassen? Ob die Scheu vor der Einnahme von Extremstandpunkten[129] einen gewissen Erklärungswert hat, ist zu bezweifeln. Die Tatsache, daß diese Scheu auf die Gleichheitspostulantinnen weit weniger zutrifft, legt zumindest nahe, daß der Erklärungswert nicht allzu groß sein kann. Insofern überzeugt die These der Schweigespirale, daß Menschen Angst davor haben, als Anhängerinnen einer Minderheitenposition identifiziert zu werden, mehr.

Doch dieser Ansatz und das Argument der „Dämonisierung des Liberalismus" z. B. durch seine „angebliche soziale Kälte"[130], von dem Menschen sich regelrecht instinktiv abwenden, sind Erklärungen nur auf den ersten Blick. Auf den zweiten Blick verlangen auch sie nach einer Antwort auf die Ausgangsfrage. Denn wie kann eine nach den bisherigen Ausführungen unvernünftige Haltung wie die Gleichheitsideologie den Liberalismus so nachhaltig diffamieren? Und warum sollte sie es wollen?

Es scheint, als wäre seine schwache Position in der öffentlichen Meinung nicht dem Liberalismus selbst anzulasten. Der wird zwar gelegentlich als „zu anspruchsvoll"[131] oder „unbequem"[132] beschrieben. Das trifft aber ebenso auf Schönheitsoperationen und Extremsportarten zu. Doch im Gegensatz zum Liberalismus erfreuen sich beide wachsender Beliebtheit. Das ist erstaunlich, denn verglichen mit solchen Unternehmungen sind die Risiken einer liberalen politischen Einstellung gering und überschaubar. Denn letztere hat hierzulande,

---

[129] Vgl. Liberalismus.
[130] Vgl. Liberalismus.
[131] Engels, Wolfgang: FDP ist gut gegen Vampire, in: WirtschaftsWoche, 10.11.1994, zitiert nach: Baader, Roland (Hrsg.): Die Enkel des Perikles. Liberale Positionen zu Sozialstaat und Gesellschaft, Gräfelfing 1995, S. 9.
[132] Liberalismus.

seit die Zeiten vorbei sind, in denen politische Auseinandersetzungen in hohem Maße gewalttätig ausgetragen wurden, allenfalls negative soziale Konsequenzen. Tod, Invalidität oder auch „nur" vorübergehende Verletzungen sind derzeit in unserer Gesellschaft häufiger Folge von Freizeitunfällen als von politisch motivierten Straßenschlachten oder Attentaten.[133]

Der Schluß liegt folglich nahe, daß es die Attraktivität der Gleichheit ist, die den Liberalismus aussticht. Zwar hat sich gezeigt, daß Gleichheit keinesfalls gerecht ist und daß sie nur unter der Bedingung der Unfreiheit und wohl um den Preis hoher Wohlstandseinbußen zu haben ist. Aber vielleicht erfüllt Gleichheit ein anderes wichtiges menschliches Bedürfnis. Wie also lautet das geheime Versprechen der Gleichheit, das ihre gezeigten nachteiligen Konsequenzen aufwiegt?

Meine These und zugleich Antwort auf diese Frage lautet: Das Versprechen der Gleichheit ist Neidfreiheit oder zumindest die Verringerung von Neid. Und das gleich in doppelter Hinsicht: Erstens nimmt eine Person an, daß sie nicht beneidet wird, wenn sie nichts Beneidenswertes besitzt oder an sich hat. Zweitens muß eine Person, wenn alle anderen auch so denken und folglich nichts Beneidenswertes mehr haben (oder es gut verstecken), nichts mehr neiden und sich folglich auch nicht mehr schlecht fühlen - weder wegen der empfundenen eigenen Mangelhaftigkeit noch wegen der moralischen Inferiorität als Neiderin.

---

[133] Vgl. zur Synthese verschiedenster Unfallstatistiken: Siegrist, J. (Redaktion): Verletzungen und deren Folgen - Prävention als ärztlich Aufgabe, Berlin 2001, www.bundesaerztekammer.de/30/Fortbildung/ 60Materialie/ 80Verletz.html, abgerufen am 13.01.2006 um 9.54 Uhr. Verletzungen als Folge einer gewalttätigen politischen Auseinandersetzung ist zwar keine eigene Kategorie der Unfallstatistik, vermittels der Subtraktionsmethode läßt sich jedoch schließen, daß es sich um eine geringe Anzahl von Fällen handeln muß.

Es ist nicht möglich, diese These im Folgenden umfassend zu belegen oder sämtliche denkbaren Einwände vorwegzunehmen. Doch möchte ich versuchen, zumindest eine plausible Begründung und starke Indizien für ihre Richtigkeit darzulegen.

## 5.2 Neid und Neidvermeidung

Neid oder Scheelsucht, Neidhammel, neidzerfressen, gelb oder grün vor Neid: Die Liste der Synonyme, Komposita und Sprichwörter zum Thema Neid ist schier unerschöpflich.[134] Eine solche Präsenz in der Sprache verweist auf eine entsprechende Bedeutung in der Realität. Dabei ist Neid möglicherweise das am meisten verpönte und negativ besetzte menschliche Gefühl. Er „wird in allen Kulturen und allen Sprachen, in allen Sprichwörtern und Märchen der Menschheit verurteilt. Der neiderfüllte Mensch wird überall aufgefordert, sich zu schämen.“[135] In der katholischen Glaubenslehre gilt der Neid als eine der sieben sogenannten „Todsünden“, deren Begehung die Sünderin in besonderer Weise der Gnade Gottes bedürftig macht. Kant beschreibt Neid als das „Laster einer grämischen, sich selbst folternden und auf Zerstörung des Glücks anderer, wenigstens dem Wunsche nach, gerichteten Leidenschaft“[136]. Durch diese Niedertracht verletzt die Neiderin Pflichten nicht nur gegen andere, sondern auch gegen sich selbst, weshalb Kant den Neid als Mitglied der „abscheuliche[n] Familie [...] der Undankbarkeit und der Schadenfreude“[137] ansieht.

„Dieses ist aber alsdann ein die Menschheit empörendes Laster, nicht bloß des Schadens wegen, den ein solches Beispiel Menschen

---

134 Vgl. Schoeck, Helmut: Der Neid und die Gesellschaft, Freiburg, Basel, Wien 1974, S. 30ff. Im Folgenden zitiert als: „Schoeck: Neid und Gesellschaft“.

135 Schoeck, Helmut: Der Neid. Die Urgeschichte des Bösen, München, Wien 1980, S. 7. Im Folgenden zitiert als: „Schoeck: Neid“.

136 Kant: Metaphysik, S. 442/ S. 27306.

137 Kant: Metaphysik, S. 441/ S. 27305.

überhaupt zuziehen muß, von fernerer Wohltätigkeit abzuschrecken [...]: sondern weil die Menschenliebe hier gleichsam auf den Kopf gestellt, und der Mangel der Liebe gar in die Befugnis, den Liebenden zu hassen, verunedelt wird."[138]

Das Wort „Neid" geht zurück auf das althochdeutsche nid bzw. das mittelhochdeutsche nit. Das Vorkommen ist seit dem 8. Jahrhundert belegt. Neben „Neid" gelten auch die Bedeutungen „Groll" und „Kampf" als gesichert, die weitere Etymologie ist aber unklar.[139] Möglicherweise bedeutete „Neid" ursprünglich soviel wie „Anstrengung", „Eifer", „Wetteifer".[140]

Die Erkenntnisse über Neid stammen aus unterschiedlichen Disziplinen wie Anthropologie, Soziologie, Ökonomie, experimenteller Psychologie oder Evolutionsbiologie. Doch es ist nicht die Multidisziplinarität der Neidforschung, die eine systematische Darstellung dieses Gegenstandes so schwierig macht. Der Grund dafür ist vielmehr die Irrationalität des Neides. Für die Existenz des Neides gibt es widersprüchliche Erklärungen, viele seiner Ausprägungen lassen sich nicht rational und systematisch begründen, sondern nur nahezu kasuistisch beschreiben.

Neuropsychologisch ist Neid bisher wenig erforscht. In den entsprechenden Standardwerken wird Neid nicht erwähnt, ebensowenig

---

[138] Kant: Metaphysik, S. 443/ S. 27307.

[139] Seebold, Elmar (Bearbeiter): „Neid", in: Kluge. Etymologisches Wörterbuch der deutschen Sprache, Berlin, New York 2002[24], S. 648.

[140] Vgl. Grimm, Jacob; Grimm, Wilhelm: Deutsches Wörterbuch, 16 Bände in 32 Teilbänden, Leipzig 1854-1960, Bd. 13, Sp. 550. Im Folgenden zitiert als: „Grimm/Grimm: Wörterbuch". Auffallend ist die Diskrepanz zwischen diesen (scheinbar) deutlich positiveren und der heutigen negativen Bedeutung von Neid. Schoeck weist daher darauf hin, daß Wettstreit nicht in allen Kulturen etwas Positives ist, sondern durchaus verpönt sein kann. Vgl. Schoeck: Neid und Gesellschaft, S. 26.

Bosheit, Mißgunst, oder Niedertracht.[141] Nach der Terminologie der Psychologie ist Neid zu den Stimmungen zu zählen. „Stimmungen

sind länger anhaltende (Stunden, Tage) emotionale Reaktionstendenzen, die das Auftreten einer bestimmten Emotion wahrscheinlich machen."[142] Emotionen hingegen sind angeborene Reaktionsmuster (sogenannte primäre Emotionen, dies sind Glück, Freude Trauer, Furcht, Wut, Überraschung und Ekel) oder Mischformen dieser Reaktionsmuster (sogenannte sekundäre Emotionen), deren Dauer selten Sekunden überschreitet. Stimmungen beeinflussen Vorstellungen und Gedanken, Emotionen erhöhen die Wahrscheinlichkeit für bestimmtes emotionstypisches Verhalten.[143] Die Auswirkungen des Neids beruhen also darauf, daß er für bestimmte Emotionen oder Emotionsmischungen wie z. B. Wut und Trauer und deren Folgen auf der Verhaltensebene anfälliger macht.

Doch Wissen über den Ablauf von Neidreaktionen liefert noch keine Gründe für die Existenz des Neides. Ein Ansatz, diesen zu erklären, stammt aus der Evolutionsbiologie.[144] Neid ist demnach das Korrektiv der für das Zusammenleben erforderlichen Kooperation. Denn wenn diese umfassend und störungsfrei verwirklicht wäre, dann wäre, so die These, die genetische Auslese nicht mehr optimal. Damit „schließlich trotzt aller Kooperation *doch* der Wettbewerb bestimmt, wer seine Gene verbreiten kann"[145], gibt es den Neid.

---

[141] Vgl. Pinel, John P. J.: Biopsychologie. Eine Einführung, Heidelberg, Berlin 1997, sowie Birbaumer, Niels, Schmidt, Robert F.: Biologische Psychologie, Berlin u. a. 1999. Im Folgenden zitiert als: „Birbaumer/Schmidt: Psychologie".
[142] Birbaumer/Schmidt: Psychologie, S. 643.
[143] Birbaumer/Schmidt: Psychologie, S. 642ff.
[144] Vgl. Schröder, Jens: Neid - das Gelbe Monster, in: Geo 07/ 2003, S. 57. Im Folgenden zitiert als: „Schröder: Neid".
[145] Schröder: Neid, S. 57. Hervorhebung im Original.

Das impliziert jedoch entweder die Annahme, daß Wettbewerb ein der Kooperation überlegener Auswahlmechanismus ist. Dann ist aber zu erklären, weshalb Gorillas, bei denen Statuskämpfe kaum vorkommen, heute noch existieren. Oder dieser Ansatz beschreibt nur eine mögliche Funktion des Neides und keinen zwingenden Grund für seine Existenz.

Aus der Verhaltensforschung stammt eine andere Erklärung. Sie besagt, daß neidische Destruktionshandlungen der Neiderinnen gegenüber den Beneideten diese zur Kooperation erziehen sollen.[146] Kooperation ist für Gruppen hochentwickelter Lebewesen wie Affen und Menschen unabdingbar. Verweigern einzelne Gruppenmitglieder die Kooperation und versuchen, sich Vorteile zu verschaffen, ohne aber selbst einen Beitrag zum gemeinsamen Fortkommen zu leisten, bürden sie nicht nur der Gruppe zusätzliche Kosten auf, sondern sie erschweren darüber hinaus die Möglichkeit der Kooperation. Wer zu oft betrogen wurde, wird sich nicht mehr so leicht auf eine erneute Kooperation einlassen. Daher sind die Gruppenmitglieder bestrebt, Gelegenheiten des „Free-riding" einzuschränken und die erwischten Trittbrettfahrer zu bestrafen - selbst wenn diese Strafe den Strafenden keinen unmittelbaren Vorteil bringt.

Dieser Ansatz kann jedoch nicht erklären, warum Menschen auch nach der Zerstörung der Erfolge anderer Menschen trachten, welche diese nicht auf Kosten der Gruppe erreicht haben. Das Argument der „prophylaktischen" oder „altruistischen" Bestrafung[147] kann nicht die Irrationalität solchen Verhaltens erklären, das letztlich auch hohe Kosten für die Gruppe verursacht. Gänzlich versagt diese Theorie bei unteilbaren Gütern oder Vorteilen wie etwa Schönheit.[148]

---

[146] Bredow, Rafaela von: Macht der Niedertracht, in: Der Spiegel, 5/ 2006, S. 124-126, S. 125. Im Folgenden zitiert als: „von Bredow: Macht".

[147] Vgl. von Bredow: Macht, S. 125.

[148] Interessanterweise wird das Verhalten von Schimpansen in beiden Fällen als Beleg angeführt - sie sollen sich der einen Theorie zufolge neidgetrieben

Unabhängig davon, wie die Herkunft des Neides erklärt wird, gibt es doch einige allgemein anerkannte Charakteristika des Neides bzw. neidischen Verhaltens. Aller Neid beginnt mit einem Vergleich. Wie in der Wissenschaft ist Vergleichen auch für die nichtwissenschaftliche Erkenntnisgewinnung des menschlichen Gehirns eine Grundtechnik. Eine absolute Wahrnehmung ist häufig die Ausnahme, wie z. B. das absolute Gehör. Meist nehmen Menschen einen Ton als höher oder tiefer als einen (inneren) Vergleichston wahr. Ebenso ist das Temperaturempfinden abhängig vom Verhältnis der zu erfühlenden Temperatur zur vorher gefühlten. Doch diese Relativität gilt nicht nur für Sinneseindrücke. Auch absolute Werte werden unterschiedlich beurteilt - je nachdem, wofür sie stehen. So empfinden viele Autofahrerinnen, daß bei ihnen die Ampeln häufiger rot sind als bei anderen.[149] Das liegt daran, daß im alltäglichen Rahmen ein negatives Ereignis oft stärker wahrgenommen wird als ein positives.[150]

Die Menschen vergleichen aber nicht nur Dinge aus ihrer Umgebung, sondern auch sich selbst beständig mit anderen. Die Folge eines ungünstig ausgefallenen Vergleichs ist häufig Neid. Was aber genau ist dieses Gefühl „im Hinterhalt, ein Gemisch aus Wut, Angst, Verlangen und Traurigkeit in ewiger Lauerstellung"[151]?

„[N]eid [drückt] besonders jene gehässige und innerlich quälende gesinnung, das misvergnügen aus, mit dem man die wohlfahrt und die

---

verhalten, für die andere gelten sie als kooperativ. Vgl. Schröder: Neid, S. 57 sowie von Bredow: Macht, S. 124.

[149] Vgl. „Murphy's Law", Fußnote 100.

[150] Diese Aussage gilt für Alltagserfahrungen, Dinge, die einfach „schief laufen". Erreichen die negativen Ereignisse jedoch eine Intensität, die das psychische System als bedrohlich empfindet, kann sich dieses Verhältnis durchaus umkehren.

[151] Schröder: Neid, S. 54.

vorzüge anderer wahrnimmt, sie ihnen misgönnt mit dem meist hinzutretenden wunsche, sie vernichten oder selbst besitzen zu können".[152]

Diese Definition enthält drei wesentliche Elemente:[153]

1. Neid ist „Mißvergnügen" und eine „gehässige und innerlich quälende Gesinnung", d. h., daß Neid eine aggressiv-destruktive Emotion ist, die sich aber zu einem nicht unerheblichen Teil gegen die Neiderin selbst wendet. Denn die Neiderin entbehrt nicht nur der geneideten Sache oder Fähigkeit und empfindet deshalb einen Mangel, sondern sie fühlt sich in der Regel wegen ihres Neides auch moralisch schlecht.

2. Beneidet werden „die Wohlfahrt und die Vorzüge anderer", nicht ihr Unglück, ihre Unfähigkeit oder ihre Krankheit. Zwar gibt es scheinbar auch Gegenbeispiele. Doch das Kind, das seiner Schwester eine Krankheit neidet, wünscht sich für sich selbst nicht die Krankheit um der Krankheit willen, sondern wünscht sie wegen eines damit verbundenen Vorteils, etwa Aufmerksamkeit. Oder Menschen wünschen sich etwas, das allgemein als Nachteil angesehen wird, als „Ausrede", um einer unangenehmen Aufgabe nicht nachkommen zu müssen. Der Neid richtet sich also auch hier auf etwas, was nach einer individuellen, nicht notwendig intersubjektiv nachvollziehbaren Kosten-Nutzen-Rechnung als ein Vorteil betrachtet wird.

Was aber ein Vorzug ist, was ein Objekt des Neides werden kann, unterliegt keinen objektiven Kriterien. Alles, und mag es noch so absurd erscheinen, kann Neid hervorrufen - sogar etwas Vorgestelltes, das in der Realität gar nicht existiert.[154] Denn hinter dem vordergründigen Neid auf das Neidobjekt steht der Neid auf die (vermeintliche) Befriedigung, welche die Beneidete daraus gewinnt. Weil das Objekt des Neides immer nur Substitut für den von der Neiderin

---

[152] Grimm/ Grimm: Wörterbuch, Sp. 551.

[153] So auch Schoeck, der diese für die „wesentlichen Elemente" des Neides hält. Vgl. Schoeck: Neid, S. 19f.

[154] Vgl. Schoeck: Neid und Gesellschaft, S. 24f.

80

unterstellten Nutzen der Beneideten ist, kann auch etwas, das der Neiderin keinerlei Nutzen bringt oder ihr sogar schadet, zu einem solchen werden. „Hier liegt übrigens der Irrtum der politischen Gleichmacher, die glauben, man müsse nur bestimmte Ungleichheiten ein für allemal aus der Welt schaffen, um eine harmonische Gesellschaft neidlos Gleicher zu erlangen."[155] Neid ist also mehr eine Frage der Wahrnehmung denn der tatsächlichen Verhältnisse. „Der Neidische sieht, was den Neid bestätigt."[156]

3. Die Neiderin mißgönnt der Beneideten deren Vorteile. Dabei geht es nicht zwangsläufig darum, selbst in den Genuß dieser Vorteile kommen zu wollen. Oft ist der Wunsch, diesen Vorteil zu zerstören, viel stärker als der Wunsch, diese Vorteile selbst haben zu wollen. Dieses Element der Bosheit ist typisch für Neid. Bosheit bedeutet, einer anderen Person Schaden zuzufügen um des Schadens willen oder um sich am Leid der anderen Person zu erfreuen.[157] Wer also eine Person niederschlägt, um sie anschließend auszurauben, handelt vielleicht böse, aber nicht aus Bosheit. Anders beim Neid: Eine Neiderin ist häufig bereit, hohe Kosten in Kauf zu nehmen, um der Beneideten zu schaden und aus diesem Schaden ihre Befriedigung zu ziehen. Denn „wer nicht hoffen kann, es andern an Tugend gleichzutun, strebt danach, ihnen gleichzuwerden, indem er sie von ihrer Höhe herabzureißen trachtet."[158] Hinter diesem Wunsch „steht die Einsicht, daß es auf die Dauer sehr anstrengend ist, die Eigenschaften oder Besitztümer des Beneideten zu haben, und die beste Welt die wäre, worin weder der Beneidete noch der Neider sie hat."[159] Das ist in verschiedenen Experimenten nachgewiesen worden. Deren Ergebnisse weisen

---

[155] Schoeck: Neid und Gesellschaft, S. 27.

[156] Schoeck: Neid, S. 22.

[157] Vgl. von Bredow: Macht, S. 125.

[158] Bacon, Francis: Über den Neid, in: Ders.: Essays, herausgegeben von Levin L. Schücking, Wiesbaden, o. Jahr, S. 31-39, S. 32f. Im Folgenden zitiert als: „Bacon: Neid".

[159] Schoeck: Neid und Gesellschaft, S. 27f.

darauf hin, daß Menschen eine ausgeprägte Präferenz für eine relativ bessere Position haben. Diese Präferenz hat für die Menschen einen Wert, für den sie zu bezahlen bereit sind. Können sie keine relativ bessere Position erreichen, so setzen sie sich, sofern sie die Möglichkeit dazu haben, dafür ein, die unterschiedlichen Positionen einander zumindest anzunähern. Das zeigen auch andere Versuchsanordnungen.

So mußten sich Versuchspersonen entscheiden, in welcher von zwei möglichen Welten sie vorziehen würden zu leben. Wider alle ökonomische Vernunft gelten in beiden Welten die gleichen Preise und die gleiche Kaufkraft eines Dollars. In der ersten Welt verdienten die Versuchspersonen selbst 100.000 Dollar im Jahr, während alle anderen nur 85.000 Dollar verdienten. In der zweiten Welt würden sie selbst 110.000 Dollar, alle anderen aber 200.000 Dollar im Jahr verdienen. Ein großer Teil entschied sich für die erste Variante und ließ sich einen höheren Rang 10.000 Dollar Jahreseinkommen kosten.[160]

Da Rang ein soziales Gut ist, durch das Menschen soziale und finanzielle Einkünfte erzielen können, ist dieses Verhalten bis zu einem gewissen Grad rational. Diese Rationalität wird mit abnehmender Verdienstdifferenz und abnehmender absoluter Verdiensthöhe aber mehr und mehr in Frage gestellt. So ist es immer noch vielen Menschen lieber, wenn sie 50.000 Euro und andere 40.000 Euro im Jahr verdienen, als wenn sie selbst 70.000 Euro verdienen, andere aber 80.000 Euro.[161] Doch ist dieser geringe Distinktionsgewinn bei einem in Verhältnis dazu niedrigen absoluten Verdienstniveau den Verzicht auf 20.000 Euro Jahreseinkommen wert?

Diese Irrationalität des Neides ist sogar noch steigerungsfähig. „Dem Neidischen ist es nicht genug, auf Schicksalsschläge beim Nachbarn zu warten und sich dann zu freuen [...], sondern er hilft dem

---

[160] Vgl. Frank: Income, S. 70ff.
[161] Vgl. von Bredow: Macht, S. 125f.

Schicksal nach."[162] Auch dann, wenn er selbst dadurch nichts gewinnt, sein Verhalten für ihn mit hohen Kosten verbunden, unmoralisch oder sogar illegal ist.

So haben in einem Versuch die Versuchspersonen aus Neid auf nennenswerte Geldbeträge verzichtet - nur um andere zum „Verzicht" auf noch höhere Geldbeträge zu zwingen.[163] Dabei spielten durch Sichtblenden voneinander abgeschirmte Kandidatinnen ein Glücksspiel am Computer, bei dem sie Geld gewinnen konnten, welches sie nach Spielende behalten durften. Von ihren Mitspielerinnen erfuhren sie nichts, nur wieviel Geld diese gewannen. Nach dem Ende des Spiels hatten die Versuchspersonen die Gelegenheit, für einen Einsatz von 25 Pence den Gewinn einer anderen Person um ein Pfund zu reduzieren.

Trotz der Kosten haben zwei Drittel der Teilnehmerinnen von dieser Möglichkeit Gebrauch gemacht. Dabei wurde die Hälfte aller Gewinne vernichtet. Doch diese Gewinnvernichtung, die sich gegen unbekannte Mitspielerinnen richtete, mit denen vorher keinerlei Interaktion stattgefunden hatte, war nicht ziellos: Sie traf vornehmlich jene Spielerinnen, die überdurchschnittlich hohe Spielgewinne zu verzeichnen hatten.

Solches Verhalten ist sehr typisch für Neid. Wir leben nicht in einer Gesellschaft, die sich von Neid- und Schadenszaubern, Hexerei und dem „bösen Blick" besonders beeindruckt zeigte. Das ist bei Naturvölkern häufig anders, wo bisweilen die gesamte Organisation des Alltags wie selbstverständlich den Ritualen zur Neidvermeidung oder zur Abwehr von Neidfolgen untergeordnet wird.[164]

Doch die Tatsache, daß Neidvermeidung, wie ich an späterer Stelle zeigen werde, in der sozialen Interaktion nach wie vor eine sehr große Rolle spielt, ist ebenso wie das Ergebnis des oben geschilderten

---

[162] Schoeck: Neid und Gesellschaft, S. 32.
[163] Vgl. Schröder: Neid, S. 54.
[164] Schoeck: Neid, S. 42ff.

Experiments ein deutlicher Hinweis darauf, daß Neid, auch jenseits aller Zauberei, sehr wohl negative Folgen für die beneidete Person haben kann. So führt Schoeck in einem eigenen Kapitel über „Verbrechen aus Neid"[165] nicht nur Brandstiftung und Vandalismus, sondern auch Tötungsdelikte auf, deren Motiv ausschließlich oder überwiegend Neid ist.[166] Aber auch alltäglicheren Verhaltensweisen liegt oft Neid als Antrieb zugrunde. Dazu zählen u. a. üble Nachrede, Mobbing oder die „Mitnahmementalität" bei Sozialleistungen. Auch „[e]ine extrem progressive Einkommensteuer, eine konfiskatorische Erbschaftssteuer [...] können unschwer als Objektivierungen des Neidens nachgewiesen werden."[167]

Doch warum richten sich solche Aggressionen und der Wunsch nach Zerstörung des Vorteils gegen die Beneidete? Weil das „Bessersein" der Beneideten die Ursache für das „Schlechtersein" der Neiderin ist. Es ist „tatsächlich die schiere Existenz des Überlegenen, die den Neider in die schlechte Position zwingt."[168] Und es ist aus ihrer subjektiven Wahrnehmung heraus nicht nur logisch zwingend, sondern auch einfacher für die Neiderin, die Beneidete zur Schuldigen der neidischen Verwicklung zu erklären. Für ihren Reichtum, ihre Schönheit, dafür, daß sie zur rechten Zeit am rechten Ort war, ist schließlich die Beneidete und nicht die Neiderin verantwortlich. Ohne diese Projektion müßte sich die Neiderin mit ihren negativen Gefühlen auseinandersetzen - ein unangenehmes und anstrengendes Unterfangen, welches die meisten Menschen zu vermeiden bemüht sind.

Weiter ist charakteristisch für Neid, daß er in zweierlei Hinsicht ein Phänomen der sozialen Nähe ist. „Neid entfaltet sich unter Gleichen oder beinahe Gleichen."[169] Erstens ist Neid häufiger zwischen Menschen in ähnlichen Lebenslagen als zwischen Menschen

---

[165] Schoeck: Neid, S. 123ff.
[166] Schoeck: Neid, S. 123ff.
[167] Schoeck: Neid und Gesellschaft, S. 21.
[168] Schröder: Neid, S. 59.
[169] Schoeck: Neid und Gesellschaft, S. 228.

aus sehr unterschiedlichen Verhältnissen anzutreffen. Zweitens ist Neid ein Charakteristikum des sozialen Nahbereichs. Für dieses Phänomen prägte der amerikanische Sozialgeschichtler David Potter den Begriff der „invidious proximity"[170].

Es sind die kleinen Unterschiede, die neidisch machen. Die Kollegin, die im Grunde die gleiche Arbeit verrichtet, aber etwas mehr Geld verdient, und die Nachbarin, die für Blumen oder für die Börse das etwas glücklichere Händchen hat, die etwas besser aussieht oder deren Kinder etwas bessere Noten haben, sind bestens geeignet, Neid hervorzurufen.

Das hat verschiedene Gründe. Sicherlich wären viele Menschen gerne Königin eines anderen Landes, sehr intelligent, musikalisch ausgesprochen begabt oder etwas ähnliches, das sie äußerst positiv besetzen. Doch sind dies Dinge, auf die sie keinen Einfluß haben. Neid richtet sich aber typischerweise auf etwas, das nicht gänzlich unerreichbar scheint, auf das Vorstellbare und dem subjektiven Eindruck nach Erreichbare. Das sind nun einmal eher als eine vermögende adelige Herkunftsfamilie und überragende Intelligenz eine Lohnerhöhung und eine „Gnadenvier" - typische Vorkommnisse im Leben von Kolleginnen und Mitschülerinnen. „Es ist nicht der Luxus an sich, über den man sich erbost, sondern die Unmöglichkeit in der modernen Gesellschaft, seinesgleichen vom relativen Luxus fernzuhalten."[171]

„Am meisten durch die Furcht vor dem Neid ihrer Mitmenschen gehemmt sind Naturvölker und die Menschen in den Dörfern der Entwicklungsländer."[172] Deren Wohlstand ist, aus westlicher Perspektive betrachtet, nicht groß. Folglich ist auch das Wohlstandsgefälle, verglichen mit dem, was der westlichen Beobachterin bekannt ist, recht gering. Daß Neid in vielen dieser Kulturen aber eine so zentrale

---

[170] Vgl. Potter, David: People of Plenty, Chicago 1954, S. 102.

[171] Schoeck: Neid und Gesellschaft, S. 228.

[172] Schoeck: Neid und Gesellschaft, S. 86f.

Position einnimmt, zeigt, „[w]ie wenig der Neid von großen Unterschieden abhängt".[173]

Ein anderer für neidische Empfindungen geradezu prädestinierter Bereich sind Freundinnen und Familie. Unter Geschwistern mag Neidverhalten noch eine recht vertraute Erscheinung sein.[174] Aber die These, daß Menschen auf ihre engen Freundinnen und Freunde neidischer sind als auf andere Menschen, wirkt zunächst regelrecht verstörend. Doch auch sie wurde im Experiment belegt:[175] Mit einem Teil eines Paares eng befreundeter Versuchspersonen wurde ein manipulierter Test durchgeführt. Das herbeigeführte schlechte Resultat wurde den Teilnehmerinnen vor allen anderen mitgeteilt. Nun mußten diese Versuchspersonen ihrerseits einmal mit ihren Freundinnen oder Freunden und einmal mit einer fremden Person ebendiesen Test durchführen. Erstaunlicherweise stellte sich heraus, daß 75% der Versuchspersonen ihren Freundinnen bzw. Freunden deutlich schwerere Hinweise im Test gab oder sie sogar bewußt in die Irre führten. Es scheint für Menschen nur sehr schwer erträglich zu sein, daß ausgerechnet die engen Freundinnen und Freunde besser sein sollten als sie selbst.

Neiden und Beneidetwerden haben beide negative Folgen. Die Neiderin fühlt sich schlecht und die Beneidete muß deren Aggressionen fürchten. Diese dürften in den seltensten Fällen bis zum Völkermord[176] oder auch „nur" zum Mord führen. Aber ähnlich wie in

---

[173] Schoeck: Neid und Gesellschaft, S. 87.

[174] Schoeck gibt Beispiele von Stammeskulturen, in denen Neid hauptsächlich zwischen Familienmitgliedern vorkommt. Vgl. Schoeck: Neid, S. 43f sowie S. 65.

[175] Vgl. Schröder: Neid, S. 61.

[176] Neid als Motiv für mittelalterlich Pogrome gegen Jüdinnen oder die nationalsozialistische Jüdinnenverfolgung wird verschiedentlich genannt. Vgl. Schröder: Neid, S. 54, Rommelspacher, Birgit: Schuldlos - Schuldig? Wie sich junge Frauen mit Antisemitismus auseinandersetzen, Hamburg 1994, S. 39f.

Stammesgesellschaften, in denen Jagdbeute versteckt oder abgegeben wird, Schwangerschaften geheimgehalten werden, niemand stolz auf seine handwerklichen Fähigkeiten und Erzeugnisse ist oder die Menschen extrem zurückgezogen leben und einander nichts von sich erzählen, um nur ja dem Neid der anderen und dessen Folgen zu entgehen,[177] gibt es in westlichen Gesellschaften typische Strategien der Neidvermeidung. Denn die negativen Folgen des Neides können sehr ernst sein. Wird Neidvermeidung bei Kindern zunächst noch recht offen ausgehandelt, wird sie mit zunehmendem Alter immer versteckter und durch heimliche Verhaltensweisen ersetzt.[178] Eine anonyme Anzeige beim Finanzamt[179], ein unangenehmes Gerücht in der Nachbarinnenschaft und Mobbing aus Neid sind dessen tagtäglich zu beobachtende Ausdrucksformen in der „Erwachsenenwelt".

Zwei Parteien können das Problem des Neids und seine Folgen beeinflussen: die Neiderin und die Beneidete.

Eine Veränderung durch die Neiderin würde deren Einsicht in das eigene Neiden voraussetzen. Das ist allerdings ein im Wortsinn peinlicher, also schmerzvoller Prozeß. Um diesen zu vermeiden, bedient sich die menschliche Psyche verschiedenster Rationalisierungs- und Rechtfertigungsmechanismen. Diese stellen meist darauf ab, der Beneideten ein unangemessenes Verhalten zuzusprechen. Stößt sich der Neid an materiellen Dingen, so ist die Beneidete eine Angeberin, die prahlt, damit andere sich schlecht fühlen. Oder sie hat ihr Geld auf zweifelhafte oder unehrliche Weise verdient. Wenn ihr der Vorteil, wie etwa Schönheit, zugefallen ist, dann geht sie jedenfalls unangemessen damit um. Wohlgeratene und aufgeweckte Kinder sind in den Augen der Neiderin gedrillt und im Grunde zu bedauern, dürfen sie doch gar keine „echten Kinder" sein. Auch eine Leistung, die

---

[177] Vgl. Schoeck: Neid und Gesellschaft, S. 81ff.

[178] Vgl. Dormagen, Christel: Saure Trauben - süßes Leid. Kurze Geschichte einer bürgerlichen Scheintugend, in: vorgänge, 4/ 2004, S. 23-27.

[179] Allein in Hamburg gehen pro Jahr ca. 1000 entsprechende Hinweise - meist anonym - bei der Finanzbehörde ein. Vgl. Schröder: Neid, S. 65.

besser ist als die der Neiderin, ist eine reine Bosheit gegen diese oder dient dazu, sich bei der Chefin „einzuschleimen".

So bleibt es also der Beneideten, Vorkehrungen für die Abwehr von Neidfolgen zu treffen. Zwar kann Neid auch schmeichelhaft sein. Die Allgegenwart von Neidvermeidungsverhalten läßt jedoch darauf schließen, daß dieser Gewinn die Kosten des Beneidetwerdens nicht ausgleichen kann.

Zur Neidvermeidung gibt es verschiedene Strategien. Die Beneidete kann das Objekt des Neides entfernen. Das heißt, sie kann statt einer überdurchschnittlichen künftig eine durchschnittliche Leistung erbringen oder das teure Auto (die Uhr, den Schmuck, das Haus) verkaufen. Das ist aber nicht immer möglich: Die Tatsache, Kind bestimmter Eltern zu sein, ist unabänderlich. Auch gibt es Dinge oder Eigenschaften, von denen man sich nicht trennen möchte. Die um ihre Schönheit Beneidete wird sich kaum das Gesicht zerschneiden wollen. Sie kann das Objekt des Neides allenfalls verstecken. Das ist natürlich auch mit anderen Neidobjekten möglich: teure Restaurants nur in anderen Städten besuchen, bestimmten Schmuck nur zu Hause tragen usf.

Eine andere Strategie ist die des Kleinredens möglicher Neidobjekte. Die mit exzellenten Noten glänzenden Kinder haben auf Nachfragen „keine Probleme in der Schule", der eigene Erfolg ist zur einen Hälfte der Erfolg der Kollegin und zur anderen Hälfte Zufall. „Zufall", „Glück" und „Pech" können Neid zwar nicht ganz verhindern, aber zumindest die „Schuld" der Beneideten an der Neidverursachung mindern.[180]

Die „Schuld" des eigenen Besserseins zu mindern, ist auch die Intention besonders freundlichen und hilfsbereiten Verhaltens der besseren Kollegin.[181] Doch ist diese Strategie kontraproduktiv, weil

---

[180] Vgl. Schoeck: Neid und Gesellschaft, S. 127f.

[181] Vgl. Tournier, Paul: Echtes und falsches Schuldgefühl. Eine Deutung in psychologischer und religiöser Sicht, Zürich, Stuttgart 1959.

88

die Beneidete sich aus der Sicht der Neiderin doppelt überlegen zeigt; diese wird „durch den Versuch, „entschärft" zu werden, erst recht böse."[182] Geschickter verhält sich da „der Weise[, der] dem Neide eher ein Opfer bringt, indem er in für ihn belanglosen Dingen zuweilen absichtlich sich widersprechen und überstimmen läßt".[183] Bacon nennt noch eine weitere Ablenkungsstrategie. Damit sich der Neid der Vielen nicht auf sie richtet, „schieben die Klügeren unter den Großen immer jemand anders auf den Schauplatz vor".[184]

Allen diesen Strategien ist gemeinsam, daß sie nicht den Neid an sich bekämpfen, sondern daß sie ihn vermeiden wollen, indem sie sich bemühen, ihm keine Auslöser zu bieten. Doch ist diese Anstrengung vergebens.

## 5.3 Die Folgen des Neids

Das Erfolgsgeheimnis der Gleichheitsideologie liegt, wie ich meine, in der (scheinbaren) Lösung der Neidproblematik. Dafür gibt es eine plausible Erklärung: Wenn alle gleich sind, so die verlockende Überlegung, gibt es keinen Neid mehr. Und daran haben Neiderinnen wie Beneidete ein Interesse. Doch dieser Schluß ist ein Trugschluß.

„In der utopischen Gesellschaft, wo wir alle die gleichen Gesichter trügen, nicht nur die gleichen Kleider, würde der eine dem anderen noch die vermutete innere seelische Haltung neiden, die es ihm erlaubte, unter der egalitären Maske doch noch individuelle Gefühle und Gedanken zu hegen."[185]

Doch so viel Gleichheit ist ohnehin nicht zu erreichen, daher scheidet diese Lösung des Neidproblems bereits in der Theorie aus.

---

[182] Schoeck: Neid und Gesellschaft, S. 140.
[183] Bacon: Neid, S. 37.
[184] Bacon: Neid, S. 37.
[185] Schoeck: Neid und Gesellschaft, S. 25.

Das scheint die Praxis der neidvermeidenden Gesellschaftsgestaltung nicht zu stören. Unverdrossen richtet sie sich weiterhin an ihrem Ideal, der Gleichheit, aus und übersieht dabei, daß sie damit das Neidproblem noch vergrößert.

Daß ein Individuum die negativen Folgen des Neides antizipieren möchte, um ihnen durch das Ergreifen entsprechender Gegenmaßnahmen entgehen zu können, ist eine durchaus rationale Verhaltensweise. Doch es ist wie mit dem Sturm auf die Bank, von der das Gerücht geht, daß sie pleite sei: Das individuell-rationale Verhalten erzeugt erst den negativen Effekt, der durch ebendieses Verhalten doch gerade abgewandt werden sollte. Liquiditätsprobleme der Bank werden durch den plötzlichen, zu großen Ansturm möglicherweise erst hervorgerufen. Ebenso verhält es sich mit dem Neid. Er wird durch Neid(folgen)vermeidungsstrategien erst angeheizt und vermehrt. Dabei greifen drei Mechanismen ineinander.

Neid ist, erstens, wie oben beschrieben, ein Phänomen der sozialen Nähe. Es sind eher die kleinen als die großen Unterschiede zwischen Menschen, die Neid hervorrufen. Wenn nun Menschen bemüht sind, ihre Verschiedenheit und ihr Bessersein so gering als möglich zu halten, tappen sie in die Falle, dadurch umso eher beneidet zu werden.

Die zweite Neidvermehrungsfalle besteht darin, daß bestimmte Neidvermeidungsstrategien in der Neiderin das Gefühl erzeugen, die Beneidete sei ihr nicht nur im Hinblick auf das Objekt des Neides, sondern auch menschlich überlegen. Das kann z. B. eine Folge offenen Umgangs mit Beneidetwerden sein oder der Strategie, entgegengebrachtem Neid durch Freundlichkeit oder Unterstützung der Neiderin zu begegnen.

Drittens ist ein gesellschaftliches Klima, das durch Gleichheitsstreben gekennzeichnet ist, einem produktiven Umgang mit den unabänderlichen naturgegebenen wie den sich zwangsläufig entwickelnden Ungleichheiten abträglich. Wo laut gesellschaftlicher Leitideologie alles dem Diktat der Egalisierung unterworfen werden soll und kann, werden jene, die sich diesem Diktat entziehen können, zu stärkeren Anzeichen des eigenen „Wenigerseins", als sie es in einer

90

Gesellschaft, die Ungleichheiten akzeptiert oder gar wünscht, je sein könnten. Entsprechend wird der Neid auf die Egalisierungsverweigererinnen stark sein.

Dieser Teufelskreis von Neid, Neidvermeidung und Angleichung ist fatal. Die geschilderten Neidvermeidungsstrategien gleichen sich darin, daß sie nicht den Neid an sich, das neidische Gefühl bekämpfen, sondern stattdessen versuchen, diesem Gefühl keine Nahrung zu geben. Mögliche Objekte, auf die Neid sich richten könnte, werden versteckt oder verschwiegen, möglicherweise neiderregendes Verhalten wird unterlassen. Wo das nicht ausreicht oder gar nicht möglich ist, kann sich die Beneidete immer noch darum bemühen, auszugleichen, daß sie Anlaß zu Neid bietet.

Doch alle diese Verhaltensweisen erzeugen direkt oder indirekt nicht weniger, sondern, im Gegenteil, mehr Neid. Und mehr Neid erfordert noch mehr Neidvermeidung. Kaum eine Handlung ist wie diese „so undankbar und von zweckwidrigen Folgen bedroht wie der Versuch, zur Beschwichtigung des Neides der einen ausgleichendes Schicksal spielen zu wollen."[186] Diejenigen Formen von Neidvermeidung, die den Neid nicht zu bekämpfen, sondern ihn zu beschwichtigen suchen, könnten ihren Zweck allenfalls in Einzelfällen erfüllen. Denn sie sind Scheinlösungen, die nicht nur in einen Teufelskreis der Neidvermehrung führen, sondern darüber hinaus auch ausgesprochen negative Auswirkungen haben.

Die Kosten der Neidvermeidung sind enorm. Neiderinnen und Beneidete tragen auf je ihre Weise dazu bei. Ganz offensichtlich führt Neidvermeidung zu hohen Opportunitätskosten auf Seiten der Beneideten. Diese Kosten verbergen sich hinter Schlagworten wie „Braindrain", „Diktatur des Durchschnitts" und „Angleichung nach unten" (immer ein bißchen unter das potentiell neiderregende Niveau) mit allen dazugehörigen ökonomischen, psychischen, sozialen und kulturellen Folgen für das Individuum und die Gesellschaft. Die Perfektion

---

[186] Schoeck: Neid, S. 257.

dieser Strategie führte zur Abschaffung von Schönheit, Reichtum, sozialer Mobilität und dergleichen mehr. Aber da buchstäblich alles zum Objekt von Neid werden kann, führt sie leider nicht zur Abschaffung des Neides.

Dessen Kosten sind zwar letztlich Kosten der gesamten Gesellschaft. Doch wer, außer solchen, die ohnehin Neid auf sich ziehen, sollte sich schon dagegen aussprechen, daß die neiderregenden Mitmenschen sich anpassen, angepaßt werden oder wenigstens das Land verlassen? Der Gewinn, so der heimliche Trugschluß, ist ein aufgepäppeltes Selbstwertgefühl, das nicht ständig von „Überfliegerinnen", „Streberinnen" und „Besserverdienenden" angekratzt wird. Dafür kann man einige Kosten in Kauf nehmen. Zumal, wenn diese verschleiert werden und nicht direkt als Folge von Neid bzw. Neidvermeidung identifiziert werden können, stößt das, wie man verwundert zur Kenntnis nehmen muß, nur den wenigsten Menschen auf. Ohnehin sehen die „meisten Bürger [...] den politischen Prozeß als Mittel, um die Kühe anderer zu melken, vermittels der großen Melkmaschine „Staat"."[187] Deshalb erzeugt gar helle Begeisterung, wer diese Kosten der Vernichtung von Herausragendem, wie etwa im Fall der „Reichensteuer", zu Gewinnen umzudeuten versteht. So tun auch die Neiderinnen nur zu gern das ihre, damit kein Neid entsteht: Immer dann, wenn sie schon im Voraus die Entwicklung oder den Erwerb von etwas verhindern, worauf sie später neidisch sein könnten.

Dieses Verhalten hängt eng zusammen mit der direkten destruktiven Folge des Neides: der Zerstörung dessen, was in den Augen der Neiderin als Vorteil gilt. Diese Folge ist so schwerwiegend, weil es sich nicht, wie bei einem Konkurrenzkampf, um einen Wettlauf handelt, in dem beide Seiten bestrebt sind, den Vorteil für sich zu

---

[187] Radnitzky, Gerard: Die demokratische Wohlfahrtdiktatur, in: Baader, Roland (Hrsg.): Die Enkel des Perikles. Liberale Positionen zu Sozialstaat und Gesellschaft, Gräfelfing 1995, S. 187-215, S. 189.

gewinnen.[188] Stattdessen scheint der Neiderin oft allein die Vernichtung des Vorteils der Beneideten - und möglicherweise weiterer Dinge oder Möglichkeiten - geeignet, dem Neid ein Ventil zu bieten.

Denn Neid richtet sich auf ein Wohlgefühl, Glück, Befriedigung oder auch ein Überlegenheitsgefühl, welches, so unterstellt die Neiderin der Beneideten, diese aus dem, was ihr geneidet wird, gewänne. Solange diese Gefühle existieren, können sie, auch in der Form ihrer mutmaßlichen Ursachen, geneidet werden. Wenn nun die Neiderin das, was sie für den Grund des angenommenen Glücks oder Überlegenheitsgefühls der Beneideten hält, für sich gewinnt, wird sie dadurch nicht zwangsläufig glücklich (insbesondere, wenn man in Rechnung stellt, daß das geneidete Glück allzu oft nur ein von der Neiderin vorgestelltes ist). Wenn sie ihn aber zerstört, zerstört sie damit zumindest einen Teil des Wohlergehens der Beneideten und so zugleich die Differenz zwischen sich und der Beneideten, die Ursache ihres Gefühls des „Wenigerseins" ist.

Um den Neid also innerhalb der Neidlogik erfolgreich bekämpfen zu können, müßten Gefühle wie Glück und Wohlbefinden und das Streben danach abgeschafft werden. Das ist offensichtlich unmöglich, weshalb auch die Diskussion darüber, ob diese Lösung wünschenswert ist, obsolet ist. „Festzuhalten ist, vor allem auch für unsere Sozialpolitiker, daß Neid unabhängig ist von der Größe der Ungleichheiten."[189] Größere Ungleichheit bedeutet nicht mehr Neid. Größere Ungleichheit ist aber eine Voraussetzung für mehr Glück. Die Möglichkeit, daß hierin ein Ansatz zur Neidbekämpfung liegt, ist nicht von der Hand zu weisen. Doch solche Überlegungen befinden sich eindeutig in einer Minderheitenposition.

---

[188] Konkurrieren, Konkurrenz leiten sich ab aus lat. con-currere, zusammenlaufen oder feindlich zusammenstoßen. Ursprünglich im Sinne von „zusammentreffen" gebraucht, beruht die heutige Bedeutung auf einer Neuentlehnung im 18. Jahrhundert. Vgl. Seebold: Kluge, konkurrieren, S. 521.

[189] Schoeck: Neid und Gesellschaft, S. 86.

Stattdessen greift die alltägliche Glücksvernichtung durch Neid und Neidvermeidung weiter um sich. Unter den Problemlösungen für den bedrohlichen Glücksverlust ist die Gleichheit Marktführerin. Das kann nicht verwundern: Verspricht sie doch sehr erfolgreich Neidfreiheit und bis zu deren endgültiger Erreichung zumindest Neidkostensenkung und behauptet, selbst ein „Schnäppchen" zu sein - hoher Nutzen zu einem geringen Preis.

Zwar haben die obigen Ausführungen gezeigt, daß Neid nicht innerhalb seiner eigenen Logik bekämpft werden kann. Doch jeder Ansatz, der das Problem des Neides von außen betrachtet und lösen will, hat gegenüber der Gleichheit einen entscheidenden Nachteil: Er kostet die Erkenntnis, daß es immer andere Menschen gibt, die besser sind - in welcher Hinsicht auch immer. Sie scheint leider teurer zu sein als die dahinter wartende belohnende Einsicht, daß hierdurch weder der Wert eines Menschen noch dessen Möglichkeiten zur Erlangung individuellen Wohlergehens beeinträchtigt werden.

# 6. Lob der Ungleichheit

In dieser Arbeit habe ich versucht zu zeigen, daß das Postulat der Gleichheit unhaltbar ist und die der Gleichheit zugeschriebenen positiven Auswirkungen nicht durch diese, sondern viel eher durch ihr Gegenteil, die Ungleichheit, zu erreichen sind.

Voraussetzung dafür war eine Vergewisserung hinsichtlich des Gleichheitsbegriffs. Dabei bin ich zu dem Ergebnis gekommen, daß in Bezug auf Menschen nur von der Gleichheit der Menschen als Menschen als tatsächlicher Gleichheit die Rede sein kann. Jede andere „soziale" Gleichheit kann immer nur ein Postulat sein, denn die totale Gleichheit der Menschen ist schon theoretisch nicht zu erreichen. Nichtsdestotrotz ist dieses Postulat eine Idee, die in Politik und Gesellschaft viel Zuspruch erfährt. Denn, so wird vielfach angenommen, mehr Gleichheit macht die Gesellschaft gerechter und das Leben schöner. Ich habe also, um die Haltlosigkeit des Gleichheitspostulats nachzuweisen, belegt, daß Gleichheit nicht die ihr zugesprochenen positiven Auswirkungen hat.

Als großer Vorteil der Gleichheit gilt die angeblich durch sie verwirklichte Gerechtigkeit. Doch die naiv-affektive Annahme, Gerechtigkeit habe einen inhaltlichen Bezug zur Gleichheit, ist verfehlt. Dies habe ich in den Kapiteln 2.4 und 3.2 gezeigt, in denen ich mich mit egalitaristischer Gerechtigkeitstheorie befaßt habe.

Dazu habe ich zunächst das Mißverständnis, Gleichheit sei eine Art Grundposition unter Menschen, ausgeräumt: Da Menschen nicht gleich sind, gibt es keinen Grund, anzunehmen, daß eine Gleichbehandlung ihnen automatisch gerecht werden würde. Zudem hat Gleichbehandlung keinen intrinsischen Wert. Sie kann durchaus ein Nebeneffekt von Gerechtigkeit sein: Wenn etwa alle Kranken medizinisch versorgt werden, sind sie insoweit gleich. Doch wird jede Kranke deshalb versorgt, weil dies wünschenswert ist - und nicht etwa deshalb, weil eine andere Kranke versorgt wird. Nur darf daraus, daß Gleichheit als Nebeneffekt von Gerechtigkeit auftaucht, nicht geschlossen werden, daß Gerechtigkeit in Gleichheit bestünde.

Wer Menschen aus dem Grund, daß es ihnen schlecht*er* geht als anderen, eine Kompensation zukommen läßt, verhält sich inhuman. Denn der Grund für solches Handeln ist dann nicht die Forderung, daß allen Menschen eine bestimmte Behandlung zuteil werden soll, sondern die Minderwertigkeit oder Almosenbedürftigkeit derer, denen es schlechter geht.

Auch die Entscheidung darüber, was zu den zu egalisierenden Nachteilen zu zählen ist, hat in der egalitaristischen Gerechtigkeitstheorie eine inhumane Konsequenz. Abgesehen davon, daß der Staat über eine riesige Informationsmenge verfügen muß, um dieser Aufgabe nachkommen zu können, muß er auch die egalisierungsfähigen Tatbestände willkürlich festlegen. Das Arrow-Theorem zeigt, daß es unmöglich ist, eine die Präferenzen aller Individuen in gleichem Maße berücksichtigende allgemeine Präferenzordnung aufzustellen. Hier wird sehr deutlich, daß der Staat entweder die Bedürfnisse der Menschen ungleich befriedigt oder die Menschen ungleich behandeln muß. Ebenso evoziert die Anwendung anerkannter Gerechtigkeitsprinzipien, wie etwa des Qualifikations- oder Leistungsprinzips, Ungleichheiten.

Diese gerechtigkeitstheoretische Auseinandersetzung zeigt: Gerechtigkeit ist nicht durch Gleichheit zu erreichen. Zufällige Ungleichheit bedeutet zwar noch nicht automatisch Gerechtigkeit, aber sicherlich wird die Verwirklichung von Gerechtigkeit zu Ungleichheiten unter den Menschen führen. Daraus läßt sich schließen, daß die Akzeptanz von be- oder entstehenden Ungleichheiten eine Voraussetzung für eine gerechte Gesellschaft ist.

Eine weitere Überlegung war, ob Gleichheit vielleicht - getreu dem Slogan: „Her mit dem schönen Leben!" - zu mehr Glück führt. Dazu habe ich die Auswirkungen von Gleichheit auf von ihr beeinflußbare und zugleich von der Glücksforschung als einflußreich ermittelte Faktoren überprüft. Dies waren Arbeitslosigkeit, Freiheit und Wohlstand. Ich habe festgestellt, daß eine Politik, die auf größere soziale Gleichheit abzielt, einen negativen Einfluß auf alle drei Faktoren hat. Die negativen Folgen der Arbeitslosigkeit für das Wohlbefinden können durch finanzielle Kompensation nur geringfügig abgeschwächt werden, denn diese werden größtenteils durch die aus der Arbeit gezogene Befriedigung sowie die Normativität der Umwelt hervorgerufen. Daraus folgt auch, daß selbst die staatliche Bereitstellung von Arbeitsplätzen die Menschen nicht glücklicher machte.

Daß Gleichheit und Freiheit nicht zugleich verwirklicht werden können, ist offensichtlich. Denn Freiheit ermöglicht ungleiche Entwicklungen, Gleichheit hingegen ist nur durch Beschneidung der Freiheit zu erreichen. Daß Gleichheit diesen negativen Effekt auch auf Wohlstand hat, ist ebenso leicht nachzuvollziehen. Denn „das Recht, nicht übertroffen zu werden" und „die Pflicht, niemanden zu übertreffen"[190] - so Radnitzkys Klarstellung des ersten Rawlsschen Gerechtigkeitsprinzips - schließen jeden Fortschritt, der per definitionem ein Übertreffen darstellt, aus. Weil zudem ein System je egalitärer, desto unbeweglicher ist, wird mit zunehmender Gleichheit auch die Sicherung des bereits erreichten Wohlstands immer weniger wahrscheinlich.

Die Akzeptanz von Ungleichheit hingegen ermöglicht Freiheit und Wohlstand, was sich positiv auf das individuelle Wohlbefinden auswirkt. Auch die unglücklich machenden Auswirkungen von Arbeitslosigkeit können, wenn Erwerbstätigkeit nicht mehr als allein seligmachende Norm gilt, vermindert werden.

Doch alle diese Erkenntnisse, zum Teil schon jahrzehntealt, ändern nichts an der ideologischen Lufthoheit der Gleichheit. Meine These, die dieses Phänomen erklärt, besagt, daß der eigentliche Reiz der Gleichheit in dem Versprechen der Neidfreiheit liegt.

Neid ist unangenehm und teuer - für Neiderinnen wie Beneidete, in psychischer wie ökonomischer Hinsicht. Die Verminderung von Neid anzustreben, ist durchaus rational. Die Art und Weise, wie dies zumeist geschieht, ist es leider nicht. Krebs' Diktum von den

---

[190] Radnitzky: John Rawls, S. 42.

Egalitaristen, die „zu sehr *„Freunde einfacher Verhältnisse"*"[191] sind, erweist sich hier in einem sehr weiten Umfang als wahr.

Denn Neid läßt sich ebensowenig dadurch abschaffen, daß man mögliche Anknüpfungspunkte für ihn eliminiert, wie man Träume mit Schlafentzug bekämpfen kann. Wenn das Neidbedürfnis eines Menschen in der Realität kein Neidobjekt findet, erfindet es eins. Denn Neid richtet sich in erster Linie auf das Glück oder die Befriedigung, für die das Neidobjekt steht.

Neidvermeidungsstrategien, die auf möglichst große Gleichheit setzen, sind daher zum Scheitern verurteilt: Denn gerade dann, wenn die Nachbarin die gleiche Menge Geld, Schönheit, Intelligenz oder was auch immer besitzt, ist es doch ungleich neiderregender, wenn sie daraus mehr Befriedigung als ihre Neiderin zieht, als wenn sie diese größere Befriedigung aus ihrem Millionenvermögen, ihrer herausragenden Schönheit oder Intelligenz zöge. Zudem aggregiert in einer Gesellschaft der Gleichheitsideologie die „unsichtbare Hand des Neides" die (Neidvermeidungs-) Handlungen der Einzelnen nicht zu gesamtgesellschaftlichen Vorteilen, sondern zu einem Wettlauf der Verschwendung und damit der Angleichung nach unten.

Es ist utopisch, den Neid abschaffen zu wollen. Das bedeutet aber nicht, daß sein Ausmaß oder seine negativen Folgen nicht beeinflußt werden könnten. Dazu kann ein gesellschaftliches Klima, in dem die Verschiedenheit der Menschen weder als zu beseitigendes Übel begriffen noch durch Multikulti-Ideologie mystifiziert wird, sondern schlicht Ausdruck der Individualität eines jeden Menschen ist, beitragen.

„Es wäre an der Zeit aufzuhören, so zu tun, als ob der Neider für die Wirtschafts- und Gesellschaftspolitik maßgebend sein müsse."[192] Daß Schoeck diese Einsicht bereits vor rund 40 Jahren formuliert hat,

---

[191] Krebs: Arbeit, S. 129. Hervorhebung im Original.
[192] Schoeck: Neid und Gesellschaft, S. 304.

ändert nichts daran, daß sie heute noch zutrifft. Nur die Dringlichkeit dieser Einsicht ist größer geworden.

Aus diesem Grund möchte ich ein Lob der Ungleichheit aussprechen. Denn Ungleichheit, die nichts anderes ist als die Akzeptanz dessen, daß Menschen in jeder nur denkbaren Hinsicht denkbar verschieden sind (mit Ausnahme der Tatsache, daß sie Menschen sind), ist erstens eine Forderung der Humanität. Zweitens ist sie, so denke ich gezeigt zu haben, viel besser als Gleichheit in der Lage, die dieser zugesprochenen positiven Effekte zu verwirklichen.

Gerechtigkeit, Freiheit und Wohlstand setzen die Möglichkeit zur Ungleichheit voraus und führen zu Ungleichheit. Zwar ist auch Ungleichheit kein Wert an sich. Sie ist nicht mehr, aber vor allem auch nicht weniger als ein Ausdruck von Menschlichkeit.

# Literaturverzeichnis


Aristoteles: Nikomachische Ethik, Übersetzung und Nachwort von
Franz Dirlmeier, Anmerkungen von Ernst A. Schmidt, Stuttgart
2004.

Atwood, Margaret: Der Report der Magd, Frankfurt/M 1994.

Bacon, Francis: Über den Neid, in: Ders.: Essays, herausgegeben von
Levin L. Schücking, Wiesbaden, o. Jahr, S. 31-39.

Belwe, Katharina: Editorial, in: ApuZ, B37/2005, 12.09.2005.

Berlin, Isaiah: Two Concepts of Liberty, Oxford 1958.

Berlin, Isaiah, Jahanbegloo, Ramin: Conversations with Isaiah Berlin,
New York u. a. 1992.

Bibel, die: Einheitsübersetzung der Heiligen Schrift, Gesamtausgabe,
Psalmen und Neues Testament, Ökumenischer Text [hrsg. im
Auftrag der Bischöfe Deutschlands], 2. Auflage der Endfassung,
Stuttgart 1982.

Birbaumer, Niels, Schmidt, Robert F.: Biologische Psychologie,
Berlin u. a. 1999.

Bohrmann, Hans: Elisabeth Noelle-Neumann: Öffentliche Meinung.
Die Entdeckung der Schweigespirale, in: Papcke, Sven,
Oesterdiekhoff, Georg W. (Hrsg.): Schlüsselwerke der
Soziologie, Wiesbaden 2001, S. 361-363.

Bouillon, Hardy: Liber, Tas und die Räuber, in: Baader, Roland: Die
Enkel des Perikles. Liberale Positionen zu Sozialstaat und
Gesellschaft, Gräfelfing 1995, S. 85-105.

Bredow, Rafaela von: Das Fest der Triebe, in: Der Spiegel, 41/2005,
S. 196-208.

Dies.: Macht der Niedertracht, in: Der Spiegel, 5/2006, S. 124-126.

Carter, Ian: Positve and Negative Liberty, in: Stanford Encyclopedia of Philosophy, Stanford 2003, http://plato.stanford.edu/entries/liberty-positive-negative, abgerufen am 13.01.2006 um 10.28 Uhr.

Cohen, Gerald: On the Currency of Egalitarian Justice, in: Ethics 99/1989, S. 906-944.

Dahrendorf, Ralf: Freiheit ist tätige Freiheit. NZZ 19.03.2005, www.nzz.ch/dossiers/Liberalismus/System_Liberalismus/2005/03/19/li/articleCMCGT.html, abgerufen am 23.11.2005 um 14.01 Uhr.

Dormagen, Christel: Saure Trauben - süßes Leid. Kurze Geschichte einer bürgerlichen Scheintugend, in: vorgänge, 4/2004, S. 23-27.

Dworkin, Ronald: What is Equality? Part 2: Equality of Resources, in: Philosophy and Public Affairs, 10/1981, S. 283-345.

Engels, Wolfgang: FDP ist gut gegen Vampire, in: WirtschaftsWoche, 10.11.1994.

Engler, Wolfgang: Kritik der Ungleichheit, in: vorgänge 4/2004, S. 4-11.

Frank, Robert: Does Absolute Income Matter?, in: Bruni, Luigino, Porta, Pier Luigi: Economics and Happiness. Framing the Analysis, Oxford 2006, S.65-90.

Frankfurt, Harry: Gleichheit und Achtung, in: Krebs, Angelika (Hrsg.): Gleichheit oder Gerechtigkeit. Texte der neuen Egalitarismuskritik, Frankfurt/M 2000, S. 38-49.

Frey, Bruno: Der Wert des Geldes, in: Financial Times Deutschland, 04.01.2006, www.ftd.de/me/cl/37225.html, abgerufen am 06.01.2006 um 14.38 Uhr.

Frey, Bruno S., Stutzer, Alois: Happiness, Economy and Institutions, München 2000.

Dies.: What can Economists learn from Happiness Research?, München 2001.

Friedell, Egon: Kulturgeschichte der Neuzeit, Bd. 2, München 200013.

Georges, Karl Ernst (Bearbeiter): Ausführliches lateinisch-deutsches Handwörterbuch, Bd. I und II, Darmstadt 1995.

Grimm, Jacob; Grimm, Wilhelm: Deutsches Wörterbuch, 16 Bände in 32 Teilbänden, Leipzig 1854-1960, Bd. 13.

Hayek, Friedrich August von: Der Weg zur Knechtschaft, darin enthalten: Vorbemerkung des Verfassers zur Neu-Herausgabe 1976, Sonderausgabe München, 2003.

Ders.: Freedom and the Economic System, Public Policy Pamphlet No. 29, hrsg. von Harry D. Gideonse, Chicago 1939.

Ders.: New Studies in Philosophy, Politics, Economics and the History of Ideas, London 1978.

Ders.: The Constitution of Liberty, London 1960.

Höffe, Otfried: Gerechtigkeit. Eine philosophische Einführung, 2. Aufl. München 2004.

Ders.: Kategorische Rechtsprinzipien. Ein Kontrapunkt der Moderne, Frankfurt/M, 1990.

Ders.: Soziale Gerechtigkeit: ein Zauberwort, in: APuZ B37/2005 vom 12.09.2005, S. 3-6.

Hoffmann, Catherine, Roßbach, Henrike: „Viele Menschen verwechseln Geld mit Glück". Interview mit James Montier, in: Frankfurter Allgemeine Sonntagszeitung, 01.01.2006, S. 47.

http://de.wikipedia.org/wiki/Arrow-Theorem, abgerufen am 26.01.2006 um 8.13 Uhr.

http://www.nzz.ch/2004/12/31/wi/kommentarCHKDE.html, abgerufen am 23.11.2005 um 14.05 Uhr. „Der Liberalismus des schlechten Gewissens", in: NZZ vom 31.12.2004.

Huxley, Aldous: Brave New World, London 1994.

Kant, Immanuel: Die Metaphysik der Sitten, S. 1-518, in: Digitale Bibliothek, Band 2: Philosophie, S. 26865-27382 (vgl. Kant-Werke, Bd. 8).

Kersting, Wolfgang: John Rawls zur Einführung, Neufassung, Hamburg 2001.

Ders.: Rechtsphilosophische Probleme des Sozialstaats, Baden-Baden 2000.

Ders.: Theorien der sozialen Gerechtigkeit, Stuttgart, Weimar 2000.

Kramer, Rolf: Soziale Gerechtigkeit. Inhalt und Grenzen, Berlin 1992.

Krebs, Angelika: Arbeit und Liebe. Die philosophischen Grundlagen sozialer Gerechtigkeit, Frankfurt/M. 2002.

Dies. (Hrsg.): Gleichheit oder Gerechtigkeit. Texte der neuen Egalitarismuskritik, Frankfurt/M. 2000.

Kunkel-Razum, Kathrin (Projektleitung): Duden. Das Bedeutungswörterbuch, Mannheim u. a. 2002, gleich/Gleichheit.

Lenk, Thomas, Teichmann, Volkmar: Arrows Unmöglichkeitstheorem, in: WISU 6/1999, S. 866-870.

Leoni, Bruno: Freedom and the Law, erweiterte 3. Auflage, Nachdruck des Liberty Fund, Indianapolis 2003.

Lotter, Wolf: Die Ausnahmen und die Regel, in: brand eins Wirtschaftsmagazin, Heft 8/2003, S. 44-51, S. 48.

Matthews, Robert: Tumbling toast, Murphy's Law and the fundamental constants, in: European Journal of Physics, Heft 4/1995, S. 172-176.

Möhring-Hesse, Matthias: Die demokratische Ordnung der Verteilung. Eine Theorie der sozialen Gerechtigkeit, Frankfurt/M., New York 2004.

Nagel, Thomas: Eine Abhandlung über Gleichheit und Parteilichkeit, Paderborn 1994.

Neubacher, Alexander, Neukirch, Ralf, Pfister René, Schult, Christoph: „Unser Supermann", in: Der Spiegel, 35/2005, S. 36-43.

Ng, Yew-Kwang: Happiness surveys: Some Comparability Issues and an Exploratory Survey Based on Just Perceivable Increments, in: Social Indicators Research 1/1996, S. 1-27.

Noelle-Neumann, Elisabeth: Die Schweigespirale. Öffentliche Meinung - unsere soziale Haut, München, Zürich 1980. Ab der zweiten Auflage umbenannt in: Noelle-Neumann, Elisabeth: Öffentliche Meinung. Die Entdeckung der Schweigespirale, Frankfurt/M., Berlin 1991.

Parfit, Derek: Gleichheit und Vorrangigkeit, in: Krebs, Angelika (Hrsg.): Gleichheit oder Gerechtigkeit. Texte der neuen Egalitarismuskritik, Frankfurt/M. 2000, S. 81-106.

Pies, Ingo: Theoretische Grundlagen demokratischer Wirtschafts- und Gesellschaftspolitik - Der Beitrag F. A. von Hayeks in: Pies, Ingo und Leschke, Martin (Hrsg.): F. A. von Hayeks konstitutioneller Liberalismus, Tübingen 2003, S. 1-33.

Pinel, John P. J.: Biopsychologie. Eine Einführung, Heidelberg, Berlin 1997.

Potter, David: People of Plenty, Chicago 1954.

Radnitzky, Gerard: Die demokratische Wohlfahrtdiktatur, in: Baader, Roland (Hrsg.): Die Enkel des Perikles. Liberale Positionen zu Sozialstaat und Gesellschaft, Gräfelfing 1995, S. 187-215.

Ders.: John Rawls „Theorie der Gerechtigkeit": Egalitarismus im philosophischen Gewand, in: Baader, Roland (Hrsg.): Die Enkel des Perikles. Liberale Positionen zu Sozialstaat und Gesellschaft, Gräfelfing 1995, S. 33-49.

Rawls, John: Eine Theorie der Gerechtigkeit, Frankfurt/M. 1993, zuerst 1975.

Raz, Joseph: Strenger und rhetorischer Egalitarismus, in: Krebs, Angelika (Hrsg.): Gleichheit oder Gerechtigkeit. Texte der neuen Egalitarismuskritik, Frankfurt/M. 2000, S. 50-80.

Rieger, Günter: Gerechtigkeit, in: Nohlen, Dieter (Hrsg.): Kleines Lexikon der Politik, Lizenzausgabe für die Bundeszentrale für politische Bildung, München 20022, S. 161f.

Rommelspacher, Birgit: Schuldlos - Schuldig? Wie sich junge Frauen mit Antisemitismus auseinandersetzen, Hamburg 1994.

Schoeck, Helmut: Der Neid. Die Urgeschichte des Bösen, München, Wien 1980.

Ders.: Der Neid und die Gesellschaft, Freiburg, Basel, Wien 1974.

Schröder, Jens: Neid - das Gelbe Monster, in: Geo 07/2003, S. 57.

Schroeder, Klaus: Der Preis der Einheit, Lizenzausgabe für die Bayerische Landeszentrale für politische Bildungsarbeit, München, Wien 2000.

Ders.: Der SED-Staat. Geschichte und Strukturen der DDR, unter Mitarbeit von Steffen Alisch, Sonderauflage für die Landeszentrale für politische Bildungsarbeit Berlin, München 1998.

Schröder, Richard: Rechtsgeschichte, Münster 20005.

Seebold, Elmar (Bearbeiter): Kluge. Etymologisches Wörterbuch der deutschen Sprache, Berlin, New York 200224.

Siegrist, J. (Redaktion): Verletzungen und deren Folgen - Prävention als ärztlich Aufgabe, Berlin 2001, www.bundesaerztekammer.de/30/Fortbildung/60Materialie/80Verletz.html, abgerufen am 13.01.2006 um 9.54 Uhr.

Sprenger, Reinhard: Freiheit ist Befreiung von Zwang, in: Frankfurter Allgemeine Sonntagszeitung vom 01.01.2006, S. 2.

Tournier, Paul: Echtes und falsches Schuldgefühl. Eine Deutung in psychologischer und religiöser Sicht, Zürich, Stuttgart 1959.

Vonnegut, Kurt: Harrison Bergeron, in: Pojman, Louis, Westmoreland, Robert (Hrsg.): Equality. Selected Readings, Oxford 1997, S. 315-318.

Waltz, Kenneth: Theory of International Politics, New York 1979.

Walzer, Michael: Sphären der Gerechtigkeit, Frankfurt/M., New York 1992.

Weber, Klaus (Hrsg.): Creifelds Rechtswörterbuch, bearbeitet von Dieter Guntz u. a., 18., neubearbeitete Auflage, München 2004.

Whitehead, Alfred North: Process and Reality. An Essay in Cosmology, New York 1929.

# Zur Autorin

Dr. Dagmar Schulze Heuling ist Politikwissenschaftlerin. Ihre Interessenschwerpunkte sind Politische Philosophie, Ökonomie und Zeitgeschichte.

# Herausgeber

Dr. Michael von Prollius ist Publizist und Gründer von Forum Freie Gesellschaft, einer Internetplattform, die sich für die Wiederbelebung und Weiterentwicklung des klassischen Liberalismus einsetzt.

Vom Herausgeber ist zu dem Thema die Studie erschienen: "Soziale Gerechtigkeit auf dem Prüfstand" (Liberales Institut, Schweiz). Kostenloser Download: http://www.libinst.ch/?i=soziale-gerechtigkeit-auf-dem-prufstand.

# Forum Freie Gesellschaft

Forum Freie Gesellschaft (www.forum-freie-gesellschaft.de) ist eine Internetplattform, die für eine Ordnung der Freiheit wirbt. Die Autoren setzen sich mit Analysen und Kommentaren für eine freie Gesellschaft und freie Märkte ein. Grundlage bilden die Ideen der europäischen Humanisten, Ökonomen und Sozialphilosophen. Dieses Bewusstsein wachzuhalten und an einer Erneuerung des klassischen Liberalismus mitzuwirken, ist das wesentliche Ziel von Forum Freie Gesellschaft.

www.ingramcontent.com/pod-product-compliance
Lightning Source LLC
Chambersburg PA
CBHW031312250726
48656CB00005B/1759